だいわ文庫

「つらいな」と思ったとき読む本

中谷彰宏

JN267287

大和書房

【この本は、３人のために書きました。】

① 今日、つらいことがあった人。

② 悩んでしまった部下を、励ましたい上司。

③ 悩んでいる大切な人を、勇気づけたい人。

嫌われても
平気と思った
顔面から
発疹が上がった。
ゆえの若さ在

あきひろ

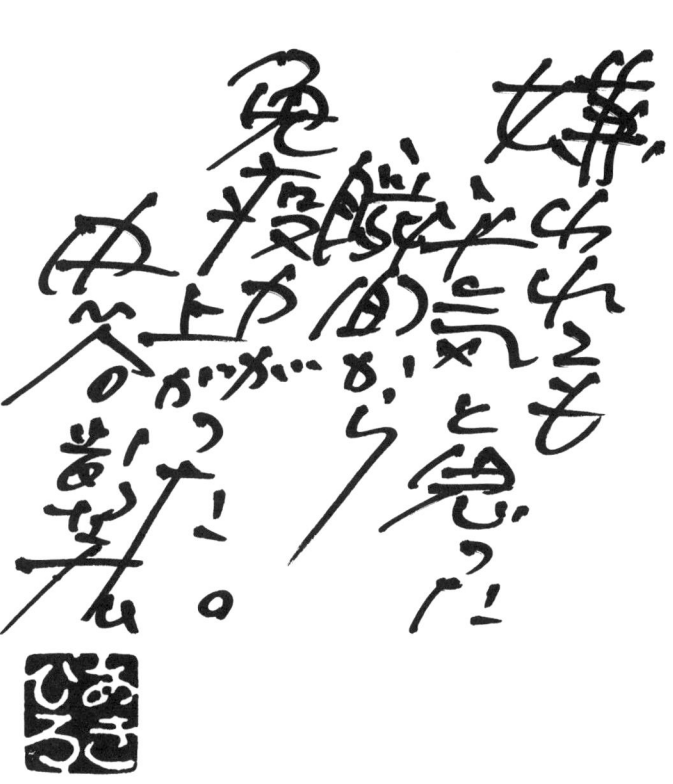

01

はじめに

トラブルやアクシデントが増える時が、ターニングポイント。

トラブルやアクシデントが増える時が、ターニングポイントです。

転換期は、しんどいです。

「助けますよ」という形で起こる偶然もあれば、トラブルやアクシデントのふりをして出てくる偶然もあります。

逆に、ターニングポイントを意識的につくり出すことも大切です。

いいチャンスにめぐり合う手前で、大体トラブル、アクシデント、ハプニングが起こります。

それがターニングポイントの予兆です。

そこでその人のライフスタイルが変わります。

職業が変わるのではなく、ライフスタイルやモノの考え方、根っこが変わっていきます。

テクニックを身につけるという問題ではないのです。

家の中で、電球が立て続けに3つも切れたら、これはターニングポイントです。

ずっと動くと思っていた時計がとまって、電池をかえても動きません。

大切にしているモノ、日常使っているモノが、壊れたり、なくなる時が、ターニングポイントです。

チャンスの前には、必ずつらいことが起こるのです。

凹みから抜け出すために

01

アクシデントに、感謝しよう。

凹みから抜け出すための58の具体例

01 □ アクシデントに、感謝しよう。
02 □ 選択肢の中から、ネガティブなものを外そう。
03 □ グチを言うことで、ごまかさない。
04 □ 慰めより、解決策を聞きに行こう。
05 □ できていないところは、伸びシロと考えよう。
06 □ 「うまくいかなかったこと」を喜ぼう。
07 □ 偶然を生かし、偶然に頼らない。
08 □ 1段階でできないことは、2段階でやろう。
09 □ 仕事を変えるより、生き方を変えよう。
10 □ 小さなことを、本気でやってみよう。

11 □ ため息をつきながらすることを、やめよう。
12 □ やりたくないことは、しなくていい。
13 □ 「めんどくささ」を楽しもう。
14 □ 「いやいや」なら、やめよう。
15 □ 「ただの○○」を「奥が深い○○」と感じよう。
16 □ 「何げないものの深さ」に気づこう。
17 □ まわりの目より、自己満足を大切にしよう。
18 □ できそうな人より、ハッピーそうな人になろう。
19 □ 何かと、比べない。
20 □ 「欠点」をチャンスと考えよう。
21 □ ほかのことを許されるぐらい、1つのことを徹底的にやろう。
22 □ 「自分が何向きか」を考えない。

23 □ 長い目で、見てもらおう。

24 □ 10年後の今日、何をしているか考えよう。

25 □「今ハッピーになること」をしよう。

26 □ したいことを、映像で思い浮かべよう。

27 □「昨日と違うこと」をしよう。

28 □ 自分が、変わろう。

29 □ 変化を、楽しむ。

30 □ 予定のない日を、つくろう。

31 □ 自分を、乗せよう。

32 □ 好きなことで、失敗しよう。

33 □ 言いわけをしないように、やりたいことだけやろう。

34 □ むやみに人を、紹介しない。

35 □「知り合い自慢」をしない。
36 □1人になった時、勉強しよう。
37 □自己紹介より、深イイ話をしよう。
38 □する前に「なんのために」を考えない。
39 □言われる前にしよう。
40 □小さな偶然に、気づこう。
41 □今日の課題を、持とう。
42 □小さなことに「ありがたい」と感じよう。
43 □助けてもらう前に、始めよう。
44 □空を、見上げよう。
45 □「相手の喜ぶこと」を考えよう。
46 □「あと1%だけ」やってみよう。

［目次］

第2章 こう考えれば、立ち直れる。

第3章

それでも、立ち直れる人。

第4章 人に振り回されない。

第5章 運が、味方になってくれる。

第6章 前向きな元気が、わいて来る。

第 1 章

凹んでも、立ち直れる。

02

2人以上に相談しない。

立ち直れない人は、「ああいう考え方もある。こういう考え方もある」と、ひたすら考え方をため込みます。

いろいろな人に相談するので、相談する人の数は多いのです。

立ち直れる人は、1人にしか聞きません。

2人に聞いたら、聞かれたほうは「何か言わなくちゃ」と思って、2人とも違う意見を言います。

3人いたら、3人とも違う意見を言います。

聞けば聞くほど、みんな言っていることが違います。

そのことが、自分が決断しない口実になっているのです。

立ち直れる人は、「ここは選択肢に入れなくていい」と、ネガティブな発想を捨てることができます。

中谷本は、ネガティブな発想の大掃除をしています。

「それは考えなくていい」と言ってくれる人が必要なのです。

「あれも考えろ。これも考えろ」というアドバイスをする人のほうが、圧倒的に多いのです。

これではどうしてもたくさんの枝葉を集めていくことになります。

枝葉《えだは》のことは、まったく考えなくていいのです。

凹みから抜け出すために

02

選択肢の中から、ネガティブなものを外そう。

03

グチは、誰が聞いても同じ。相談は、解決策に向かう。

僕は相談を受ける仕事をしています。
問題をなんとか解決してあげたいと思っています。
立ち直れない人の相談は、相談のふりをしたグチにすぎないのです。
相談は具体的、グチは抽象的です。
「生理的にイヤ」というのは、抽象的です。
こんなものは相談しても始まりません。
立ち直れない人は、「どうしたい」がはっきりしていません。
つまり、「どうしたい」が軸です。
クリスマスシーズンから年末年始にかけて多いのは、「彼が二またをかけていた。どうしたらいいんでしょう」という相談です。
泣きながら電話をかけてきます。
でも、どうしたらいいかは相談者自身が決めることです。
あとから来た女性に負けないために頑張るのも1つです。
実は、相談している人があとから来た女性だったりします。
または、彼に思い知らせてやるために別れるのも1つです。
この2つでは、アドバイスの仕方は違います。
どうしたいかはっきりしていないから、抽象的になるのです。

立ち直れる人は、相談が行動につながります。
行動とは、要するに解決策です。
立ち直れない人は、解決策は求めていません。
ただ聞いてもらえるだけでいいのです。
これを相談とは言いません。

ただのグチです。
相談は、実は自分自身に置きかえた考え方です。
ものを考える時は、自分が自分に相談している状態です。
その時に、ただグチを垂れているだけで、何かを考えているつもりになっては
いけません。
グチと相談の違いは、これではっきりしています。
グチを垂れている人の相談にのっても、その人はそのあと動かないのです。

「最近、面白い本に当たらなくて。面白い本を教えてくださいよ」と言われて、
教えてあげます。
次会った時「どうだった？」と聞いたら、「まだ読んでいない」と言うのです。
それは求めていないということです。
「自分が本を読んでいないのは、本が面白くないからだ」と、本のせいにしてい
るのです。

凹みから抜け出すために

03

グチを言うことで、ごまかさない。

立ち直れる人は、聞いたら、即、動きます。

立ち直れない人は、ただ話を聞いて欲しいだけです。

次の日、別の人のところにまた聞きに行ってしまいます。

これを転々と繰り返しているのです。

立ち直れない人のやっている「相談」という名のグチは、誰が相手でも同じです。

ただ聞いてくれる人であればいいのです。

Aさん、Bさん、Cさん、Dさん……と、どんどんまわっていきます。

これが立ち直れない人の考え方なのです。

04
知識より考え方を聞こう。

立ち直れない人の相談を受けて、「君はここがダメだ」と言いたいタイプの人もいます。

立ち直れない人と、立ち直れない人の相談を受けたい人は、ワンセットです。

立ち直れる人は解決策を求めています。

結果、相談をする人はたった1人しかいません。

その人で解決しなかったら解決しないし、その人でほぼすべてのことが解決するのです。

その人に聞いてわからなかったからといって、ほかの人に行くことはありません。

これがグチと相談との違いです。

恋愛と仕事はカテゴリーが違うから、相談する人も2人いるというわけではないのです。

立ち直れない人は、知識を聞きます。

立ち直れる人は、知恵や考え方を聞きます。

自分が先生と思う人がいたら、その先生に聞けばいいのです。

専門とか専門外とかは、関係ありません。

「医学的なことだったら、○○さんに聞いてみたら」と、そこから先につながることはあっても、まず聞く人は、たった1人です。

立ち直れない人の相談を受けた時に僕が最初に感じるのは、「その話は中谷彰宏でなくてもいいよね」ということです。

その人は「はい、わかりました」と言って、また次に行きます。

今まで何人もまわってきたのです。

ここでとめるつもりはありません。

「一応いろんな人の意見を聞いてみる」という発想です。

世の中には、同性でも異性でも、立ち直れない人の相談にのるのが好きなヒマ人はたくさんいるのです。

凹みから抜け出すために

04

慰めより、解決策を聞きに行こう。

05 伸びシロで、勝負する。

相談に対する考え方は、自分の頭の中の考え方にかかわっています。
立ち直れない人の発想は、「できるかできないか」が基準です。
立ち直れる人は、できなくていいから、伸びシロを大切にします。
できないことがあったとすれば、その人には伸びシロがあるのです。
せっかくいい考えを持っているのに、それをうまく文章にできない人がいます。
その人は、文章の書き方を覚えればいいのです。
しゃべり方がヘタで損しているなら、しゃべり方を覚えればいいのです。
これが「伸びシロがある」ということです。
できていることがよくて、できていないことが悪いのではありません。

できていることは、伸びシロがないのです。
できていないことがあったら、そこさえ改善すればいいのです。
できないことがたくさんあればあるほど、その人は伸びシロがあります。
ただし、伸びシロは吸収力がなければならないのです。

凹みから抜け出すために

05 できていないところは、伸びシロと考えよう。

06 「うまくいかない」時は、「課題が見つかった」と拍手。

立ち直れない人は、できないことを「欠点」と考えます。

できないことを挙げて、「だから、自分は夢を実現できない」「好きなことができない」「うまくいかない」と考えるのです。

立ち直れる人は、うまくいかない時、「課題が見つかった」「ここが伸びシロだ」と考えます。

うまくいかないことが、伸びシロです。

それができれば、先に進めるのです。

「全部が、うまくいかない」ということはありません。

ワンポイントだけできないことのほうが多いのです。

もう1個ピースがあればできるのです。

うまくいかない時は、ピースが足りないところでしくじります。

どこのピースが足りないかです。


仕事でトラブルが発生した時も、このように考えます。

「ここでトラブルが発生する」というトラブルの箇所がわかることが大切です。

全体で、結果としてうまくいかないのではありません。

どこにトラブルが発生しているか、どこのピースが足りないかに気づけばいいだけです。

そのピースを足せば、全部をやらなくてもいいのです。

7つの工程の中で、足りないのは7つのピースではありません。

たった1個のピースが足りないだけです。

全部を捨てる必要はありません。

故障ではないのです。

うまくいかないということは、ここで課題がやっとわかったということなのです。

凹みから抜け出すために

06

「うまくいかなかったこと」を喜ぼう。

07

偶然に甘えない人が、偶然を生かせる。

偶然ラッキーなことがあります。

決して偶然を否定してはいけません。

立ち直れない人は、偶然に頼ります。

立ち直れる人は、偶然を生かします。

偶然に頼る考え方は、偶然が起こらなかったら、何もできません。

立ち直れる人は、偶然が起きなくてもなんとかできます。

「頼る」と「生かす」の違いは、大きいのです。

立ち直れない人は、偶然に頼っているわりには、いざラッキーなことが起こって、チャンスがきた時に、拾えないのです。

偶然を生かすのも頼るのも、どちらも偶然を使うことにおいては同じです。頼って使っているか、生かして使っているかの違いです。

偶然がなくても頑張っている人は、偶然が転がり込んだら、もっと生かせます。

一方、偶然に頼っている人は、偶然を生かせないのです。

アドバイスも同じです。

アドバイスに頼っている人は、アドバイスを生かせません。

「決めてください」と言われて「選択肢は？」と聞くと、「選択肢も決めてください」と言うのです。

つまり、何も決めていないのです。

立ち直れる人の相談は、「こうしようと思う」ということが決まっています。

選択肢は、AかBかしかないのです。

選択肢も決まっていて、なおかつ自分がやりたい方向も決まっていて、「これでいいよね」という相談です。

そこまで考えています。

そこでアドバイスをされるから、生かせるのです。

アドバイスは、「それはいい」と言う時もあれば、「それは違う」と言う時もあります。

僕はどちらも言います。

10個のうち9個は「いい」と言います。

違う時は、きちんと「違う」と言います。

自分で考えて来ているから、アドバイスを生かすことができるのです。

考えて来ていない人にアドバイスはできません。

アドバイスをしたかいがないぐらい、ポワーンとしています。

「ちょっと考えてみます」と言いますが、「まず考えて来てね」と言いたくなります。

先に考えて来ていない人は、アドバイスを受けてから考えます。

考えて来ている人は、アドバイスを受けたら、「なるほど」とわかります。

これがアドバイスの使い方です。
恋愛でも、仕事でも、趣味でも、徹底的に考えてからアドバイスを聞けばいいのです。

凹みから抜け出すために

07

偶然を生かし、偶然に頼らない。

08 「カーソルが斜めに動かない」と、文句を言っていないか。

自分の相談ごとを、自分自身で解決できることが大切です。

ほとんどの人の悩みごとは、「カーソルが斜《なな》めに動かない」という悩みに集約されます。

カーソルには、上下左右4つの矢印があります。

斜めの矢印はありません。

ここで「壊れている」「不良品だ」と言うのです。

斜めに行けない時は、横に行って縦に行く、または縦に行って横に行けばいいのです。

アドバイスはこれだけです。

斜めに行けないからといって、諦める人がいるのです。
そんなもったいないことをしないことです。
強引に斜めに行こうとすると、事故になります。
交差点で、バイクが斜めに曲がってぶつかるのと同じです。
バイクは、基本的に2段階で曲がらなければなりません。
それでも、悩んでいる時間よりは、はるかに速いのです。
すべての悩みごとは、ほぼこういうことなのです。

凹みから抜け出すために

08

1段階でできないことは、2段階でやろう。

09 この仕事がどうかより、人生の生き方がどうか。

「転職しようと思うんですが」という相談がよくあります。
「今現在、Aという仕事をやっていて、今度Bという仕事をやろうと思いますが、どうでしょう」と言うのです。

これは転職に関する話です。
これは1つの生き方にもなります。
大切なポイントは、AかBかの職業選択ではありません。
生き方を考え直すことです。
生き方が定まっていないのに、職業を変えても、うまくいきません。

それはただ職業が変わっただけです。
質的な転換には何もなっていないのです。
職業を変えるということは、生き方を変えるということです。

凹みから抜け出すために

09

仕事を変えるより、生き方を変えよう。

10 職が何かより、プロかどうか。

立ち直れる人の発想は「プロか、アマか」です。

仕事には、プロフェッショナルの仕事のやり方とアマチュアの仕事のやり方しかないのです。

アマのままで職業を転々としても、永遠にアマの仕事を続けることになります。

それではハッピーになれません。

恋愛ならAさんかBさんか、職業ならA社かB社かという選択肢があるとします。

自分の生き方自体を変えない限り、この選択にはまったく意味がありません。

選択肢は、A社かB社か、AさんかBさんかではありません。

自分の生き方が、プロかアマかによるのです。

プロというのは、恋愛に置きかえると、「本気」ということです。

本気になれば、選択肢がAからZまであっても、何も迷いがなくなります。

ここに選択肢は何もなくなるのです。

運気のある人は、迷いがありません。

迷いながら1歩行く人と、迷わずに1歩行く人とでは、その1歩の勢いがまったく違います。

これが、スピード・熱意・誠意・信頼感にもつながります。

迷いがないから、信頼できるのです。

凹みから抜け出すために

10

小さなことを、本気でやってみよう。

第 2 章

こう考えれば、立ち直れる。

11 「めんどくさい」と感じることは、やめる。

心に少しでも「めんどくさい」と感じることがあったら、それはやめていいのです。

めんどくさいと思っていることをガシガシ頑張って努力しても、身につきません。

お客様へのサービスは、「ああ、めんどくさいな」と思いながらでもできます。

それはお客様に喜んでもらえるサービスにはなりません。

「ああ、めんどくさい」という気持ちは、必ずお客様に伝わります。

「あっ、今、めんどくさいと思われてサービスされた」と感じたお客様は、「なんか悪いこと、頼んじゃったな」と後悔します。

それならやらないほうがいいのです。

努力を勧める人は「めんどくさいと思ってもガマンしてやりなさい」と言います。

これは努力の仕方を間違えています。

僕は、一緒に仕事をしているスタッフに「めんどくさいことがあったら、いつでも言ってね」と頼みます。

「これがめんどくさいんですけど」という答えが返ってきたら、「じゃあ、それはもうやめよう」と言います。

「めんどくさい」と思ってやり続けないことです。

頑張っていても、「ふー」とため息をつくようなことは、やらないほうがいいのです。

その「ふー」がまわりに伝染します。

本人はやっていて、結果や形はできていても、「ふー」が空気中にばらまかれています。

自分1人で何かをやる時も、「ああ、めんどくさいな」と思ったら、すぐにやめることです。

めんどくさいと感じながらやり続けると、自分が一生懸命やっているような錯《さっ》覚《かく》に陥ります。

何かやっているような気持ちにハマる危険性があるのです。

「自分はこんなにめんどくさいことをやっているんだから」という間違った正義感にハマります。

自称「尽くすタイプ」の女性がセーターを手編みして重苦しくなるのと同じです。

「私はあたなにこんなに尽くしているのに、あなたはなんで？」というのはめんどくさい女性です。

仕事・勉強・習いごと・遊びで、一瞬でも「めんどくさい」が頭に浮かんだら、それは即やめていいのです。

これが努力の勧めなのです。

凹みから抜け出すために

11

ため息をつきながらすることを、やめよう。

12 努力の仕方を、覚える。

大切なのは、努力することではありません。

「努力の仕方」を覚えることです。

「努力しなさい」「頑張れ、一生懸命やれ」「本気でやれ」とアドバイスされても、どうしていいかわかりません。

上司は、「お客様の感動をつくれ」「お客様にマークしてもらえ」と言います。

運気のある人は、努力の仕方を知っているのです。

努力の仕方がわからないと、努力しようとしてもからまわりします。

からまわりすると、「私はこんなに頑張っているのに、なんで?」というゆがんだ正義感を抱きます。

凹みから抜け出すために

12 やりたくないことは、しなくていい。

僕は、努力の仕方を教えています。

「努力しろ」とは言いません。

努力は好《す》き好《ず》きです。

やりたい人はやればいいし、やりたくない人はやらなくていいのです。

「そもそも、なんで努力なんかしなくちゃいけないんですか」と思うなら、やらなくていいのです。

今、やらなければいけないと感じているけれども、めんどくさいと感じているなら、やらなくていいのです。

そんなことをしているヒマがあるなら、めんどくさく感じないことを徹底的にしたほうがいいのです。

13 「めんどくさいこと」を、笑ってできるか。

「めんどくさい」と感じることは、すべての人に共通してあるわけではないのです。

同じ行為でも、ある人には「めんどくさい」と感じます。

ある人は、「めんどくさい」とは感じないのです。

「本を100冊読んできてください」という課題に、「えっ、100冊も読まなくちゃいけないんですか」と言う人もいれば、「100冊でいいんですか」と言う人もいます。

「家を新築したので、来てください。駅からすぐです」と言う人の家は、駅から25分です。

「えっ、駅から25分。バスがあるんですね?」と聞くと、「いいえ、バスで25分です」という家です。
バスで25分は、どこかの駅に着く距離です。
それをめんどくさいと感じない人もいるのです。

駅から5分でも、歩くのがめんどくさいという人もいます。
「めんどくさい」と感じるのは、同じ行為でも1人ひとり違います。
それは才能ではなく、その人の好き嫌いです。
好きなことはめんどくさくないし、好きでないことはめんどくさいのです。

ジグソーパズルをするのは、めんどくさくないからです。
ピースの細かいほうが、つくるのが大変です。
値段も高いのです。
5ピースぐらいのジグソーパズルを買ってきても楽しくありません。
ジグソーパズルが趣味の人が「めんどくさい」と言うのは、意味がよくわかりません。

「最近、模型にハマッているんですけど」と言う人が「つくるのがめんどくさい」と言うのも同じです。

コレクションは、コツコツ集めていくものです。

「誰かドカッとくれないかな」というモノはコレクションではありません。

「これを手に入れるのは苦労したんだ。たまたま田舎のつぶれかけたおもちゃ屋さんにポッと入った時に、日に焼けていない箱が1個残っていて、手に入った」というのがコレクションです。

めんどくさい中に物語があるのです。

凹みから抜け出すために

13 「めんどくささ」を楽しもう。

14 心の中で思ったことは、宇宙に通じている。

ため息をついてしまうことは、すぐやめていいのです。

それを頑張って続けていっても自分の修業にはなりません。

悪い運気を背負います。

ムリ強いしないことです。


大人になると、ため息をつくようなことをたくさんしています。

大人になればなるほど、めんどくさいと感じることをやめられずに、生活のため、家族のためと、ため息をつきながら引き受けているのです。

ため息をつきながらやっている人と、そうでない人がいたら、圧倒的に強いのは、ため息をつかないで笑いながらやっている人です。

才能ではないのです。

ため息をつきながらやっている人は、選んだものを間違っています。

「あーあ」と言って選んでいるのです。

「あれ、いいな」と言われたものの値段を見て「ふー、買ってあげる」とため息をつくと、もらった側はうれしくありません。

「負担をかけちゃった」という思いが残ります。

ため息は、実は大きなエネルギーを持っています。

「ふー」と吐いただけの息ですが、このエネルギーは、宇宙にまで伝わるのです。

運気のある人は、宇宙のエネルギーを得ているのです。

「ふー」とため息をつくことで、いいエネルギーを飛ばして、悪いエネルギーを引き寄せています。

「鬼は内、福は外」と大きな声で間違って言っているようなものです。

口には出さなくても、「めんどくさい」と頭の中で考えたことは、宇宙につながっていくのです。

顔はニコニコ笑っていても、頭の中で「めんどくさい」と考えたことは、宇宙にまで連絡がいきます。

連絡を受けた宇宙は「はい、わかりました。あなたはこれを好きではないんですね」というダンドリで、うまくいかせなくします。

すべての人は、黙っていても頭の中の考えが全部漏れているのです。

口に出さなければバレないということではないのです。

口に出して言っていることよりも、頭の中で考えていることのほうが伝わります。

これは宇宙や神様の問題ではありません。

相手の人にもちゃんと伝わっていくのです。

凹みから抜け出すために

14

「いやいや」なら、やめよう。

15 「ただの○○」は、1つもない。

立ち直れない人のお得意は、「ただの○○」です。

「ただの○○」と思うことは、しなくていいのです。

「こんなの、ただの○○でしょう」と、つい言ってしまっていることがあります。

「ただの○○」と頭の中で浮かぶことや、口をついて出ることは、やっても形になりません。

世の中には、「ただの○○」は、1つもないのです。

「たった○○」も同じです。

サッカーなら「たった1回のパス」です。

野球なら「たった1球」です。

「たった1球」と思うか、「大切な1球」と思うかで、大きな差がつきます。

自分の好きな世界には「ただの○○」はありません。

「ただの○○」と思うのは、その世界に興味がないのです。


どんな花形業界に入っても、最初は電話番のような雑用です。

「こんなの、ただの電話番でしょう」と言う時には必ず「ただの」という言葉がつきます。

「ただのお茶くみでしょう」「ただのコピー取りでしょう。こんなことをやりたくて会社に入ったのではない」と言うのです。

「ただの電話番でしょう」と言う人と「大事な電話が入っています」と言う人とでは、逆転できない開きがあります。

ただの電話番と思っている人が電話番をすると、お客様には感じ悪く伝わります。

「いや、実は電話番が一番大切なんだ」と思えるかどうかです。


ごく小さな仕事に大きな差が出るのです。

花形職場では、「ただの〇〇でしょう」と言われるような小さなことが、大きく評価されるのです。

この小さなことが、宇宙につながっていくのです。

誰もが「ただの」と思う中に、実は「おおっ、すごいな」という一番大切なエッセンスが含まれているのです。

凹みから抜け出すために

15

「ただの〇〇」を「奥が深い〇〇」と感じよう。

16 「ただの○○」を、禁句にする。

サッカーの一流選手のすごさは、シュートでも、ペナルティーキックでもありません。

ボールにさわってもいないのに、動きが違うのです。

「今のパス、すごいよね」というところが見えてくると、そのものの奥の深さがわかります。

ワンステップ上がるのです。

上り調子に入って、その世界の本質に迫れるのです。

野球を観に行って楽しいのは、ピッチャーとキャッチャーのサインのやりとりです。

サインはキャッチャーが出します。

もちろんピッチャーからもサインが出ます。

野球観戦は、「早く投げろ」ではなくて、「さあ、次は何を投げるか」と考えるところが楽しいのです。

日本の野球は、ただモタモタしているわけではないのです。

キャッチャーがサインを出し、ピッチャーが首を振ると、「ピッチャーとキャッチャーは今、意見が合っていない」「まずい。これはチームプレーが崩れている。バッター有利」と、通常は考えます。

でも、違うのです。

キャッチャーからピッチャーに「首を振れ」というサインが出ているのです。

ピッチャーが2回首を振って、キャッチャーはサインを出します。

またピッチャーはまた首を振り、キャッチャーはまたサインを出します。

またピッチャーが首を振ると、バッターは「タイム」と言います。

「どういう流れになっているんだろう」と、頭の中で考える要素が増えるのです。

バッターは次を予測して、「今、意見が分かれているということは……」と考えます。

未整理のままバッターボックスに入れないのでタイムをとります。

この「タイム」は、ただのタイムではないのです。

1球も投げていないのに、駆け引きが行われているのです。

それが見えている人と見えていない人がいます。

ここでこの駆け引きを見ずフランクフルトを食べていたら、「打った」「カラ振り」で終わります。

「ただの○○」は1つもないのです。

「ただの○○」にこだわるから、仕事・習いごとが面白くなっていくのです。

そのものにあまり関心のない人にとっては、世の中のほとんどのことが「ただの○○」です。

そこらに落ちている石にも、その石がそこにあるまでの物語があります。

ただの石ではないのです。

「なぜこんな石がここにあるんだろう。面白い」と感じられる人は、何を見ても面白いと感じられます。

CMはたった15秒の世界です。

よけいなもの、遊びのものは1つも入れられません。

そうなると、その画面に映っているものにはすべて意味があるのです。

どんなものにも意味があって、クライアントさんから徹底的につかれます。

広告代理店は、それを計算しながらつくっていかなければいけないのです。

2時間ならダラッと撮ってもいい絵を、15秒のCMのワンカットには入れられません。

CMは、「ただのワンカットでしょう」ではないのです。

すべてのものに意味があって、そこに置かれているのです。

「ただの○○」は、世の中にありません。

「ただの○○」を自分の禁句にすることです。

自分のボキャブラリーの中からなくしていくのです。
「ただの○○」「たった○○」が口グセになっている人は、一番勝負のところで
「だって、それだけじゃん」と言っているのです。

凹みから
抜け出す
ために

16

「何げないものの深さ」に気づこう。

17

成功は、客観。
幸福は、主観。
リムジンに乗っている自分は、自分で見られない。

人生の価値観に関して、立ち直れない人は成功を目指します。
それに対して、立ち直れる人は幸福を目指します。
「成功」と「幸福」は、一見、似たような言葉です。
成功と幸福は何が違うかです。
これは大切なテーマです。
成功しても不幸な人がいます。
成功したら、必ずしも幸福を味わえるわけではないのです。
成功していない人には、それがわかりません。

でも、それは先にわかっておかないと損をします。
すべてのものを犠牲《ぎせい》にして、頑張って成功したのに、幸せでなかったら、つらくなります。

それは子どものころに読んだ童話からも教わっています。
お金持ちになっても、偉くなっても、王様になっても、幸せとは限らないのです。
幸福は、成功しなくてもなれます。
大切なのは、成功と幸福は、自分の中で何が違うかということです。
成功は、客観です。
幸福は、主観です。

ストレッチリムジンに乗って誰もいない田舎道を走ったところで、誰も見ていません。
六本木ヒルズのまわりでは、ストレッチリムジンがグルグルまわっています。

その人はクルマが好きなのではありません。

「今とまらなくても行けたのに」というタイミングで、信号のところでわざととまるのです。

それは人に見てもらうためです。

見る人がいないと成功感を味わえないのが、成功のしんどいところです。

自分の中で「ストレッチリムジンは最高」と思える人は、誰も見る人がいないところで乗っています。


知り合いで、モナコと日本と半々に住んでいる人がいます。

その人は、ストレッチリムジンを自分で運転しています。

運転手がいないのです。

ホテルにクルマをつけると、ご主人を迎えに来た運転手だと思われます。

これは、その人がストレッチリムジンを好きだということです。

普通、ストレッチリムジンのオーナーは、運転手を雇っていて、自分は後ろの席に座っています。

その人は、あの運転のむずかしい長いクルマを自分で運転しているのです。

ドアマンに運転手と間違われても、全然平気です。

それをギャグにしているぐらいです。

人が見ていなくても、幸せを味わえるのです。

無人島に行って、自分1人しかいなくても、それをやって楽しいと思えることがあって、初めて「幸福」と呼べるのです。

凹みから抜け出すために

17

まわりの目より、自己満足を大切にしよう。

18 仕事は、幸福な人が頼まれる。

成功したからといって、必ずしも幸福にはなりません。
幸福になれたら、成功は必ずできるのです。
成功できる人は、もともと本人が幸福になっています。

仕事は、幸福な人に頼みたいです。
成功しているけどギスギスしている人には、仕事は頼まれないのです。
具合の悪そうなお医者さんには診てもらいたくありません。
マスクをしていたり、顔色の悪いラーメン屋さんもイヤです。
タクシーの運転手さんでもきついです。

顔色が悪く、貧乏くさい占い師さんもつらいです。

そういう人にお金の相談はできません。

見るからにモテなさそうな人に恋愛コンサルトをされても困るのです。

成功している人がモテるのではありません。

クルマを乗りまわして、お金をバラまいている人は、一見、モテているように見えます。

水商売の裏側の会話を聞くと、怖いのです。

そういう人は、軽蔑《けいべつ》されています。

リスペクトはひとつもないのです。


モテる人は、幸福な人です。

その人は、何をやってもうまくいきます。

お金持ちになるかならないかは、幸福とは別です。

幸せになった人は、お金は欲しくないのです。

お金を欲しがるのは、幸福がないところをお金で埋めようとする発想です。
幸福のスキマは、お金では埋まらないのです。

凹みから抜け出すために

18

できそうな人より、ハッピーそうな人になろう。

19 比較評価ではなく、絶対評価をする。

人からの評価で考えるならば、常に誰かとの比較が発生します。
立ち直れる人は、絶対評価です。
立ち直れない人は、常に比較評価です。

リムジンは、軽自動車よりはいいクルマです。
ロサンゼルスに行ったら、とてつもなく長いリムジンが走っています。
ここまでいったら、ぎりぎりギャグです。
角が曲がれないいんじゃないかと心配するくらいです。
ほぼ背の低いバスぐらいのリムジンです。

もはやおしゃれの限界を超えています。
リムジンは、普通のクルマを切って、間を足してつくっています。
もともとは普通のクルマです。
足している部分がどれだけ長いかです。
少しだけ足しているのは、リムジンとは言いません。
リムジンのわりには狭いのです。
ワゴンじゃないのかと思います。
リムジンに乗っているといっても、そこで比較が始まるのです。

凹みから抜け出すために

19

何かと、比べない。

20 「欠点」と解釈するか。「課題」と解釈するか。

立ち直れない人の「成功」と立ち直れる人の「幸福」は、見た目は同じです。
違うのは、解釈です。
起こっている事実は同じです。
その同じ事実が起こった時に、解釈の差があるのです。
幸福は、別の言い方をすると、「快感」です。
快感は、解釈の中にしかありません。
これが主観です。
立ち直れない人は、人からほめられるとか、客観的なことをベースに置いています。

ここには自分の解釈などないのです。

同じ悲惨なことが起こっても、立ち直れる人は「快感」、立ち直れない人は「失敗」と解釈します。

うまくいかないことがあると、立ち直れない人は「ほらね。やっぱりうまくいかないでしょう。こういうところがダメなんだよね」と、「欠点」としてとらえます。

それに対して、立ち直れる人は「課題が見つかった」と解釈します。

僕が伝えたいことは、「根っこ」の解釈です。

英文解釈を教わるのと同じように、解釈を教えているのです。

解釈が、現実なのです。

凹みから抜け出すために

20

「欠点」をチャンスと考えよう。

21 掃除ができないなら、掃除ができなくても許されるぐらい仕事をする。

僕がアドバイスする時は、その人の真実に迫ろうとしています。

「今、仕事が面白くて、家の掃除ができない。『仕事はいいから、掃除ぐらいしろ』と彼や親に怒られるが、どうしたらいいのか」という相談をされました。

それに対して、僕は「仕事を一生懸命やればいい」と答えました。

「あれだけ一生懸命仕事をしているのだったら、散らかっていても仕方がない」と言われるところまで、仕事をすればいいのです。

結局は、掃除ができないことが原因ではありません。

仕事をもっとできる伸びシロがあるのです。

伸びシロは、短所を直すことではないのです。

僕がサラリーマンをしていた博報堂の制作部門は、服装がスーツでも、Tシャツ・ジーンズ・草履《ぞうり》でもいいのです。

僕が入社した時に、後に取締役になる人から「もし自分が仕事ができないと思ったら、スーツを着ろ。草履で文句を言われたくなかったら、仕事をしろ」と言われました。

僕の同期に1人変人がいて、彼はスーツが好きでした。

「なんでスーツを着ているんだ」と、逆に言われます。

「スーツに逃げている」と解釈されるのです。

変人なので、彼にとってのスーツは草履です。

目の前の事実は、1個しかありません。

解釈は無限にあります。

真実の中に幸せがあります。

事実の中に幸せはないのです。

凹みから抜け出すために

21

ほかのことを許されるぐらい、1つのことを徹底的にやろう。

22 自分のいいところなど考えずに、一生懸命やる。

社会に出たての新入社員によくある相談があります。

「仕事は自分のいいところで勝負しなければならないというけれど、自分のいいところがわからない」ということです。

同じように、10年、20年頑張って、ぼちぼち転職を考えている人も、転職するなら自分のいいところで勝負したいのです。

よく本にも、「自分のいいところで勝負しろ」と書いてあります。

1歩間違うと、自分探しの旅に出てしまいます。

自分のいいところを見つける方法は、実は一生懸命働くしかないのです。

一生懸命、本気で働く中で、自分のいいところが見つかります。

今、一生懸命やっていないと、自分のいいところは見つかりません。

一生懸命、大量に量をこなし、膨大な仕事をやっていく中で、自分のいいところが浮き彫りになるのです。

ところが、立ち直れない人は逆です。

自分のいいところが見つかったら、それで勝負するために一生懸命やります。

いいところが見つからなかったら、「いいところがわからないから、一生懸命できない」という仕事のやり方を、ついしてしまうのです。

凹みから抜け出すために

22

「自分が何向きか」を考えない。

23

10年計画を、立てる。

立ち直れない人は、「来年はこうしたい」という発想をします。

立ち直れる人は、「短くとも10年後はこうしたい」という発想です。

この違いです。

スタンスが、少なくとも1年と10年の大きい差があるのです。

品川女子学院の教育のポリシーは、「28プロジェクト」です。

今18歳の学生が10年後、28歳になった時に、どういう28歳になるのか。それを踏まえて、今18歳からやっていくべきことを決めるという教育のスタンスをとっています。

品川女子学院の生徒たちは、しっかりしています。

職業選択に関しても、聞いたことのないような職業を挙げます。

社会の人たちが、どんどん学校へ講義をしに来るからです。

このやり方は、誰にでも通用します。

「来年どうしましょう」という話を、12月になって言われても困ります。

年賀状を書いておくぐらいしかありません。

立ち直れない人にとっては、来年はとても遠く感じます。

立ち直れる人にとっては、10年は一瞬です。

立ち直れない人は、10年と言われると、「そんな先のことじゃなくて」と言うのです。

中谷本は1000年単位で書いています。

1000年後に生きている人はいません。

魂は生まれ変わりを繰り返して、1000年後もみんな生きているのです。

1000年は、僕の中では一瞬です。

「あら」と思っているうちに、1000年たつのです。

うかうかしていると、家に帰る時間よりも短く感じます。

この感覚が大切です。

これは政治家にも言えることです。

来年の選挙のことよりも、1000年後のことを考えることです。

10年後、1000年後どうなっているのかのほうが、より大切です。

不景気も、経済の歴史から考えると、そんなに驚くことではありません。

10年単位で起こっていることです。

バブルの時期もあれば、はじける時期もあります。

これを繰り返して経済は成長しているのです。

温暖化の問題は単位が大きいので、取り返しがつきません。

サブプライムローンと地球温暖化とでは、スパンが長い地球温暖化のほうが問題が大きいのです。

なんとなくスパンの短いもののほうが大きく感じます。

これが、立ち直れない人的な発想です。

「地球温暖化とか1000年後と言われても、自分は生きていないし」という発想なのです。

会社の従業員は、今年のノルマや来年の給料のことしか考えません。

経営者は、これでは失格です。

自分が死んだあとも、この会社が存続しうる形にすることが、経営者の責任です。

立ち直れない経営者は、「10年後、御社はどういうふうになっているつもりですか。現在の主力商品で売上げが立てられると思いますか」と質問すると、「いや、10年後、私はいないので」と言うのです。

経営者や役員は60歳そこそこなので、10年後はいません。

だから、真剣に考えないのです。

品川女子学院の28プロジェクトと同じように、年齢に10年を足してみると、リアルに考えられます。

その10年後のために、5年後、来年、そして今するべきことが逆算で出てきます。

「未来からの逆算」が、立ち直れる人の発想です。

立ち直れない人は、今から何かを足していったり、いきなり一攫千金《いっかくせんきん》で一発逆転を狙います。

これをやっていると、運気はいつまでたっても上がらないのです。

凹みから抜け出すために

23 長い目で、見てもらおう。

24 10年後のライフスタイルをイメージする。

立ち直るためには、10年後を具体的にイメージする。

10年後の今日、何時に起きて、何時に寝て、その間に何をするかというタイムテーブルをつくってみます。

「10年後の自分を想像してください」と言うと、「10年後はこういう職業に就いていたい」と言いがちです。

職業ではありません。

10年後、自分がどういうライフスタイルで生きているか、そのために、今、何をするかです。

10年後の具体的なイメージがわくと、これが見えるのです。

今日のタイムテーブルは、手帳にすぐ書くことができます。

それと同じように、**どんな暮らしをしているか、10年後のタイムテーブルをつくってみます。**

朝ごはん・お昼ごはん・晩ごはんは、どこで誰と何を食べるかです。

お誕生日やクリスマスなどのスペシャルデーではありません。

日々のルーチンワークのある1日で、何時間働き、何時間寝て、何をやっているのかということです。

これが見えてくると、今日の生き方が決まってくるのです。

試験勉強をしていると、「何月に試験があるから、そこから逆算して、問題集はこれをやっておかなければ」というのがわかります。

10年後の自分のライフスタイルが見えてくることが大切です。

「パーティーに行っている」でもいいし、「セミナーに行っている」でもいいのです。

10年後のある日、自分がどういう生き方をしているかなのです。

凹みから抜け出すために

24

10年後の今日、何をしているか考えよう。

第3章

それでも、立ち直れる人。

25 ドリームより、ビジョンを持つ。

今できないこと、つまり現実からかけ離れていることを「夢」ととらえがちです。
ほとんどの人の夢は抽象的です。
抽象的なことを言っているうちは、夢は実現しません。
夢を実現している人は、夢を語りません。
「夢」という言葉も、その人の会話の中からあまり出てこないのです。
夢とかドリームを語るよりは、ビジョンを語ります。
ビジョンは、具体的に目に見えることです。
今ここにないのに目に見えるものが、ビジョンです。
「こういうふうなところにたどり着いたら、幸せになる」ではなく、「こういう生き方をすれば、ハッピー」というのが、ビジョンを中心にした生き方なのです。

凹みから抜け出すために

25

「今ハッピーになること」をしよう。

26 ビジョンがあれば、最短距離で行ける。

ビジョンは、数字ではありません。
ドリームよりは、もっとはっきり見えています。
ビジョンがあれば、最短距離で行けます。
抽象的な夢を追いかけると、まわり道になるのです。
青山に行く時も、青山を目指して行くから最短距離で到着します。
行き先が決まらないまま外に出た人は、最短距離では着かないのです。
時々、お昼ごはんで放浪する時があります。
何を食べたいか決まらないから、とりあえず表参道の交差点まで来てみます。
今日食べたいものが浮かばない時は、遠いところまで延々歩くことになります。

食べたいものが浮かんでいる時は、「よし、これ」と、早く出られるし、そこへ最短距離で行けます。

出たら思いつくに違いないと、とりあえず表参道の交差点まで行って、何があったかまわりを眺めてみても、見つからないのです。

店を探しても、食べたいものは見つかりません。

食べたいものが先にあって、店が決まるのです。

夢も同じです。

なんとなく出てみたら、自分の夢が見つかるというものではありません。

ドリームは、どちらかというと、「おなかがすいた」「おいしいものが食べたい」というぼんやりしたイメージです。

デートで「何食べたい？」「今日はどんな気分？」と聞いて、「今日はおいしいものを食べたい気分」と言われたら、つらいです。

それよりは、「がっつり」とか、もっと具体的なことを言って欲しいです。

「おいしいもの」よりは、「がっつり」「ヘルシー系」のほうが、もう少し見えています。

「お好み焼」まで絞《しぼ》ってくれたら、店はカチッと決まります。

「洋より和かな」では、まだ絞れないのです。

ビジョンが明快であればあるほど、行動は素早くなり、ムダはなくなり、最短距離でそこへ行けるのです。

「とりあえず表参道まで行ってみる？」というのが、最もつらい状態です。

どうする、どうすると、とりあえずレストランがたくさんありそうなところに行っても、やっぱり見つからないのです。

やっと決まった時には、そこは行列です。

先に決まっていたら、即その場で予約の電話を入れられます。

行ったらすぐ座れて、すぐ食べられるのです。

人生の差は、この差なのです。

ビジョンがあればあるほど、目的地まで最短コースで行けます。

最短コースで行ければ、落ち込みからも早く回復できるのです。

凹みから抜け出すために

26

したいことを、映像で思い浮かべよう。

27 継続は、変化の連続から、生まれる。

「お好み焼が食べたい」と言われたら、行く店は決まっています。
「焼そば」と言われても、行く店は決まっています。
お好み焼を食べるお店と焼そばを食べるお店は違うのです。
「お好み焼」と決めたら、途中の道でお店に電話をかけます。
ところが、この店は不定休なのです。
あと10分で着く時に電話をしたら、留守番電話です。
気分は、お好み焼で高まっています。
お好み焼のおなかになっているし、口の中もお好み焼の味になっています。
ここで、お好み焼の第2候補のお店にするのか、お好み焼を捨てるかです。

いずれにしても、切りかえ力が求められます。

そうしないと、「今日は定休日じゃないのに、なんで休んでるの」とムッとしてしまいます。

世の中の環境は常に変化しているのに、定休日が変わったことを認められないのです。

ここでお好み焼案を切りかえて、「そういえば、気になっていたあそこに入ってみようか」と、お好み焼屋さんとは全然違う隣の店に入れるかどうかです。

切りかえ力が、テンションの継続力につながります。

切りかえられない人は、継続できません。

切りかえ力と継続力とは、なんとなく相反する考え方のような感じがします。

お好み焼なら「お好み焼」と思い続けることが、継続力と思われがちです。

変えない人は、続けられないのです。

まわりはどんどん変わっていきます。

1分たてば、状況は変わります。

継続するために、切りかえる力が必要なのです。

凹みから抜け出すために

27

「昨日と違うこと」をしよう。

28 自分が変わることで、立ち直れる。

大切なのは、相手を変えるのではなく、自分を変えることです。

「もとの定休日へ戻せ」と言って、相手に切りかえさせてはいけません。

ストレスから立ち直れない人のほとんどは、相手に変えさせようとします。

「それはおかしい。前までこうだったじゃないか」と言うのです。

まわりの環境が変わっているのに自分が切りかえられないから、「今日はお好み焼以外は食べたくない」と言うのです。

別のお店を提案しても、「絶対ここのじゃないとダメ」と言います。

これではその日のデートが、感じの悪いものになってしまいます。

そういう状況になったら、連れて行った男性としてはしんどいです。

広告代理店には、時々クライアントさんがこの状態になります。
A・B・Cの3案があって、お薦めはA案です。
クライアントさんは最初C案を押していたのを、納得してA案に変えました。
でも、調べてみると、A案が実行できないことがわかりました。
この時に、最初は「C案」と言っていたのに、「A案でないと困る」と言うのです。
切りかえができないのは、代理店業務では日常茶飯事《にちじょうさはんじ》です。
一度決めたことを絶対変えたくない人は、本人にもまわりにもストレスがかかります。
頑固というより、意地を張っているだけです。
「意地」と「根性」は、相反する概念です。
変えられないのは、意地を張っているだけです。
結局、こういう人はハッピーになりません。
根性のある人は、いくらでも変えられるのです。

凹みから抜け出すために

28

自分が、変わろう。

29

落ち込むのは、成長の前兆。

落ち込むのは、変化した時です。

変化した時に、「今までどおりやったのに、うまくいかない」ということが「落ち込む」という状態です。

変化を楽しむことが、運を味方につけていくことです。

行きたい店が閉まっていた時に、隣にこんな店ができていたことに初めて気づきます。

開いていたらそこへ行くから、隣は見ないのです。

道を間違えることで、「ここにこんな店があった」という発見があります。

一直線に行こうとすると、周囲の景色は見えません。

凹みから
抜け出す
ために

29

変化を、楽しむ。

変化をいかに楽しむかです。
変化をチャンスに変えて、変化にストレスを感じないことです。
相手が変化することまで、あらかじめ織り込みずみにしておくことが大切なのです。

30 運は、余白にある。

凹む時期とは、人生の余白です。
あらかじめ余白をとっておくと、この変化を楽しめるのです。
運は、余白にあります。
人生は「余白のない生き方」と、「余白のある生き方」の2通りに分かれるのです。

おしゃれな家は、余白がたくさんあります。
おしゃれでない家は、モノがびっしり置いてあります。
1つひとつのモノはいいのに、余白がないのです。
新聞広告や雑誌の広告も、高級品の広告には必ず余白があります。

安売りの広告には、余白はなく、字がびっしり書いてあります。

余白がもったいないと思うからです。

新聞で全面広告を打つと、余白も買い取らなければなりません。

「こっちはここまでお金を払っているんだ」という気持ちで、びっしり埋めてしまうのです。

びっしり埋めると、高級感はなくなります。

それではただのチラシになります。

生き方においても、余白があるかないかが大切です。

余白があるから、落ち込んだ時に立て直せます。

ノートをとる時も、できるだけ余白をとっておくことです。


家のインテリアを見ると、その人の余白感がわかります。

ホテルのフロントのカウンターを見ても、大体わかります。

高級なホテルには、必ず余白のスペースがあります。

デザイナーはそういうデザインにしています。
流行っていない旅館に行くと、カウンター全面にチラシがびっしり並んでいるのです。

凹みから抜け出すために

30 予定のない日を、つくろう。

31 能力、経験より、勢い。

スケジュール帳に余白をつくるのが、どうしても怖い人がいます。

いったん書いたスケジュールが変わることに、抵抗感を持つ人もいます。

スケジュール帳が汚れるのがイヤで、完璧でなければイヤな人は、急なチャンスをつかむことができなくなります。

変更が怖い人は、手帳に鉛筆書きをするようになります。

「ひょっとしたら、これはなくなるかもしれない」と、最初からうっすら鉛筆で書くのです。

そういう気持ちでいると、またそのスケジュールは動くのです。

「変わったら変わったで、ホワイトで消すぞ」というぐらいの気持ちでいたほうが、そのスケジュールは実行されます。

運を味方にして宇宙とつながるために、能力や経験よりももっと大切なのは、勢いです。

タレントがブレイクする時も、いかに勢いに乗れるかどうかが勝負です。

能力や経験だけで決まるわけではないのです。

凹みから抜け出すために

31 自分を、乗せよう。

32 好きなことで失敗できたら、本望。

板垣退助は、自由民権運動をしている時に抵抗勢力から刺されます。

駆けつけた医者は、お弟子さんが「ちゃんとした先生を呼んでください」と心配するような、あまりにも若造の医者でした。

何せ田舎のことです。

その若造の医者は、板垣退助に「自分の好きなことをやっていて刺されたのだから、ご本望でしょう」と言いました。

その言葉を聞いて、板垣退助は「この人はしっかりした人だ。医者にしておくにはもったいない。必ず立派な政治家になる」と見抜きました。

刺されている人に対して、「先生は今、自分の主義主張を貫いて反対論者に刺されているわけだから、ご本望でしょう」と言う感覚が大切です。

ここで「お気の毒に」ではダメです。

その若い医者は、後に東京の都市計画をつくり、初代満鉄総裁になった後藤新平でした。

「本望」は、いい言葉です。

自分が何かやりたいことをやっていると、世間からはとやかく言われます。

何かを普及しようとして反対されます。

究極、刺されるところまで行きます。

「自分は世の中のためにこんなにやっているのに、なんで刺されなくちゃいけないんだ」と思い始めると、落ち込んでいって、ストレスがたまります。

反対されて刺されたら、「刺されてもやるよ。カッコいいじゃん」と思えることが「本望」です。

それだけ大きなことをやっていると、小さい勝負はどうでもよくなります。

本望に向かって突き進んでいると、小競《こぜ》り合いなどどうでもよくなるのです。

嫌われても、悪口を言われても、今はそんなつまらないケンカを買っているヒマはない。

そう思えれば、「私が悪いです。私の負けです。あなたのおっしゃるとおりです」と、いなせるのです。

大きい勝負も小さい勝負も、勝つのではありません。

大きい勝負に勝つために、小さい勝負はどんどん負けておけばいいのです。

凹みから抜け出すために

32 好きなことで、失敗しよう。

33 「本当にやりたいことは、これじゃない」と言わない。

やりたいことをやっていないと、言いわけができます。

「やりたいことをやらないで、やらなければならないことをやっている」ということで、どこまで行っても言いわけを立てられるのです。

うまくいこうが、いくまいが、「だって、本当に私がやりたいことはこれじゃない」と言うのです。

それは言ってはいけない言葉です。

結婚してケンカした時に、「あなたと結婚したかったわけじゃない。仕方がないからしたんだもの」と言ったら、そこから先はありません。

言いわけをしながら生きていくのが好きな人もいるのです。

「本当にやりたいことはこれじゃない」と言いわけしないことから、自分の反省が生まれ、成長していけるのです。

凹みから
抜け出す
ために

33

言いわけしないように、やりたいことだけやろう。

第4章

人に振り回されない。

34 会わせたがるのは、立ち直れない人の発想。

「『会わせたい人がいる』と言われて、自分としては気が進まない。断る時に感じ悪くならないためにはどうしたらいいか」と聞かれました。

そもそも「会わせたい」という話に、ろくな話はないのです。

これは、立ち直れない人の発想です。

「会わせたい」とか「会いたい」と言うのは、ヒマだからです。

立ち直れる人は、自分の勉強が忙しいから、そんなことをしているヒマはありません。

若い人でもお年寄りでも、ヒマな人はいます。

昔、偉い人に会った時に、「誰でも紹介してやるから、会いたい人はいるか」

と言われました。

僕は「いない」と答えました。

それでその人との関係は終わりました。

そんな話を聞きたいとは思いません。

「この人は、もうじいさんになったんだな」と思いました。

「誰かに誰かを会わせたい」と思い始めるのは、自分の成長がとまった段階です。

そんなことをしている時間があったら、自分が勉強するほうが大切です。

「会わせたい」と言う人は、立ち直れない人です。

立ち直れない人には嫌われないといけません。

立ち直れない人にも嫌われたくないと思わないことです。

「会わせたい」と言う人には会わないし、「会わせたい」と言っている本人にも会ってはいけません。

立ち直れる人は、「会わせたい」とか「会いたい」とかは言わないのです。

人に会わせたがる人は多いです。

そんなことをして、何をしたいのかと思います。

「中谷さんに会いたいという人がいる」と言われて、会うことになりました。

会わせたい人と会いたい人と僕の3人で会うと、そこでの会話は「有名な誰々さんを知っている」という話ばかりでした。

「誰々さんを覚えていますか」と言われましたが、覚えていないのです。

それは、前にその人に紹介されて会った人です。

そのあとの印象は何も残っていません。

やりとりが発生していないからです。

「この人は魅力的な人だったかな」と考える必要はありません。

ケータイに名前が残っている女性の顔が浮かばないのは、かわいくなかったからです。

「この人はかわいいか、かわいくないか」と迷う必要はありません。

かわいかったら、覚えています。

覚えていない時点で、縁がないのです。
会わせたい人が連れてきた人も、アウトなのです。

凹みから抜け出すために

34

むやみに人を、紹介しない。

35 むやみに、人に会わない。

凹んでいる人は、「人にたくさん会わなければ」と思いがちです。

たくさん会うことで、チャンスがつかめたり、自分自身がわかってくるという思い込みがあるのです。

でも、それはないのです。

つまらない人にたくさん会えば会うほど、わけがわからなくなります。

自分自身の軸がグラグラしてくるのです。

本は、つまらないと思えば、途中で読むのをやめればいいだけです。

ところが、人に会うことは、そこから受けるマイナスのイメージや時間のムダが大きすぎるのです。

「会わせたい」と言う人は、この時点で成長がとまっています。

いくら人に会っても、自分自身のレベルアップにはなりません。

立ち直れない人は、偉い人に会ったり、偉い人から名刺をもらうと、自分のランクが上がったような錯覚に陥ります。

ところが、相手からは覚えてもらっていません。

本人がつまらない人間だからです。

「○○さんを知っている」という話は、聞いていて1つも面白くありません。

「○○さんからこういうことを教わった」なら、まだ聞いていて面白いです。

「○○さんを知っている」という話を聞いても、自分自身の勉強にはなりません。

偉い人の名前をズラズラ挙げる人と一緒にいても、自分の気づきには何もつながらないのです。

たくさんの人に会うと、偉い人にもたくさん会えると考える危険性があります。

1日に何人会っている、メールが何通来る、名刺が何枚、年賀状が何枚ということは、すべて立ち直れない人の自慢にすぎないのです。

凹みから抜け出すために

35

「知り合い自慢」をしない。

36 話せる中身で、会う人のレベルが決まる。

人にたくさん会えば会うほど、知らず知らずのうちに、会う人のレベルが下がっていきます。

必ずこの現象が起こります。

レベルの幅は細かくありますが、それが知らないうちに下がっていくのです。

それは、自分で勉強していないからです。

会った時に話せる中身で、会う人のレベルが決まります。

話せる中身のない人がレベルの高い人に会っても、同じレベルには上がれません。

レベルの高い人は、次はその人に会ってくれなくなるのです。

レベルの高い人に会うためには、1人になって勉強する時間が必要です。

パーティーでいくら人に会っても、何も生まれません。

パーティーでたまたま知り合った人と話が盛り上がって、ビジネスパートナーになることがあります。

それは、その人が常日ごろ1人になってコツコツ勉強していて、会った時に話せたからです。

毎日、パーティーに行って、映画を観る時間もない人は、「最近、何か映画を観ましたか」と言われても、その話ができないのです。

そうすると、その人のチャンスはなくなります。

「最近、何か面白い本を読みましたか」と言われても、本を読む時間もないと、話せることもなくなるのです。

凹みから
抜け出す
ために

36

1人になった時、勉強しよう。

37 出会った時に、どれだけ深い話ができるか。

パーティーに行くと、いろいろな人から名刺をもらいます。

名刺をもらったら、その人を知っているということになって、その名刺は捨てられません。

キャビンアテンダントに顔が広いと自慢する人がいます。

飛行機に乗ると、必ずキャビンアテンダントに名刺を渡しています。

ところが、乗務員室のゴミ箱に、名刺が大量に捨てられているのです。

名刺に、手書きでわざわざ（医師）とか（開業医）とか書いてあるのです。

そんな名刺は、プッと笑われて、ポンと捨てられるだけです。

ヘンな名刺をもらった自慢大会の材料になることに気づいていないのです。

そういうみっともないことをやっている人がいるのです。

大勢に会うことに時間を費やしていると、どんどんレベルダウンします。

たくさん会えば会うほど、その人自身のレベルダウンが起こり、会う人のレベルも下がっていきます。

「私のまわりにはつまらない人しかいない」というのは、このためです。


立ち直れる人は、みんながパーティー・飲み会・お食事会・合コンに行っている時に、家に帰ってコツコツ勉強しています。

本を読んだり、DVDを見たり、セミナーに行っている人は、年に1回しか会わなくても、チャンスをつかむのです。

人と会っていないほうが、会う人のレベルは上がっていきます。

出会った時の1回の勝負で、どれだけの話ができるかです。

これは、毎日読んでいる本の量で差がつきます。

前会った時と同じ話をしている人は、つまらないのです。

パーティーで深い話になることはありません。

「ああ、どうも」「ああ、どうも」「ああ、どうも」……と、上っつらの会話をしていたら、そこで深い話まで行くわけがないのです。

パーティーに行っていると人脈ができるかというと、やっぱりできないのです。

「あの人、ヒマだな。誘ったら必ず来るよね」と言われるだけなのです。

凹みから抜け出すために

37

自己紹介より、深イイ話をしよう。

38 「なんのために」は、やったあとに初めてわかる。

立ち直れない人は、「これをやったら？」と言うと、「なんのために？」と聞きます。

僕が話をする時も、「その話はなんのために？」と1つずつ聞かれたら、話が後ろへ戻ってしまいます。

これは、立ち直れない人の発想です。

「なんのために」は、やったあとに初めてわかります。

それをやった意味は、必ずあります。

ただし、わかるのは、事前ではなく、事後です。

やる前にはわからないのです。

僕は、ボイストレーニングをやっています。

なんのためにやるかは、あまりありません。

僕は「なんのために」を考えません。

デザイナーで、ボイストレーニングをやっている人がいます。

数カ月やっただけでも、「こういうことのためにやっている」ということが、なんとなくわかります。


ほとんど関係のない世界に「なんのために」があるのです。


「なんのために」は、みんな違います。

「なんのために」は、やったあとに初めて見えてきます。

やる前に「なんのために」という発想はないのです。

そもそも「なんのために」と聞き返さなければいけない人に聞いてはいけません。

それは、その人の言うことを信じていないということです。

「なんのために」という質問は、口頭でもメールでも結構多いのです。

凹みから抜け出すために

38

する前に「なんのために」を考えない。

39 「なんのために」と思うことは、やらなくていい。

僕は、「なんのために？」と聞かれたら、「しなくていい」と答えます。
「なんのために」と思ってやることは、絶対に結果が出ないので、ムダになります。
納得していないからです。
本当の納得は、「なんのために」と考えなくてもできることです。

① 納得がいかないけど、言われてする
② 言われて、納得してする
③ 言われなくても、自発的にする

という3段階があります。

「自発」の中には「納得」も入っています。

自発的にやっているのに、「なんのために」と言う人はいません。

自発の中には、納得を通り越したものがあるのです。

最も気づきを多く得られて成長できるのは、自発です。

人に言われて納得できないでやっていることに、気づきはないのです。

冒頭で「なんのために？」と一瞬でも迷うなら、しないことです。

「ごはんを食べに行こう」と誘って「なんのために？」と言われたり、「つきあおう」と言って「どういうメリットがあるの？」と言われたら、つらいのです。

凹みから抜け出すために

39 言われる前にしよう。

40 偶然に気づける時が、転換期。

偶然が、頻繁に起きる時期があります。
それは転換期です。
偶然がたくさん起こるということもあるし、偶然に気づける時がきているのです。
偶然が起こる時は、一直線に走っている時です。
転換期は、いい時と悪い時の2通りあるのではありません。
必ずいい時しかないのです。
通常は、同じフロアの中を移動しています。
ある時、上のフロアに上がれるタイミングがあります。
チャンスタイムです。

ほうっておくと、このままますぐ行くところを、このチャンスタイムに偶然が起こるのです。

ここに気づいて、生かせるかどうかです。

同じ偶然が起こっても、それを生かせない人と生かせる人とに大きく分かれます。

凹みから抜け出すために

40

小さな偶然に、気づこう。

41 答えは、問題意識の中にある。

すべての知覚現象は、見たいものを見て、聞きたいことを聞いています。
あなたがこの本を読んでメモしていることは、すでにあなたの中にあるのです。
自分の中にあることしか聞けないので、1人ひとりのノートは違っています。
「そう、そう」と、共感できるところだけが中に入っていくのです。
自分の中に問題意識が目覚めていないと、何かをパラッと開いても、何も入りません。
そもそも自分の中にないものは、通りすぎていくだけです。
だから、ハッピーなことを課題として想定しておくことです。
アンハッピーなことを頭の中で意識していると、それも自分の中に入ってきます。

たとえば、彼女に「今日は体の調子がよくない」と言われると、町を歩いていて、妙に病院の看板が目につくようになります。

頭の中で意識した瞬間に、今まで見過ごしていた文字が入ってくるのです。

自分が好きな世界があって、興味があることをやっていると、新聞をめくっていても、その字だけがポンと出てきます。

ほとんどの人には見えません。

自分だけが、その言葉が目に入るのです。

これが問題意識を持つということです。

問題意識がなければ、僕が面と向かってダイレクトに大きな声で話しても、「そんなこと言ってたっけ」と、スーッと流れていきます。

問題意識のあることが、自分が答えを探していることなのです。

凹みから抜け出すために

41 今日の課題を、持とう。

第 5 章

運が、味方に
なってくれる。

42 「ありがとう」から「ありがたい」へ。

開運とは、神様を味方につけることです。

神様がバックについていると思えば、少々落ち込んでも3秒で立ち直れます。

誰でも、神様が何かしてくれたら、「ありがとう」と言います。

それでは神様は味方についてくれません。

英語で、「芝生《しばふ》に入らないでください」ではなく「芝生に入らないでくださってありがとう」、「禁煙」ではなく「禁煙にご協力いただいてありがとうございます」という表現があります。

これを日本語でいうと、「ありがたい」です。

「ありがたい」は、現時点において「ありがたい」と思えるということです。

今に感謝しているのです。
過去にしてもらったことに感謝するのは「ありがとう」です。
今この瞬間に感謝するのは「ありがたい」です。
「ありがたい」と思う時に、神様は味方についてくれるのです。

凹みから抜け出すために

42

小さなことに「ありがたい」と感じよう。

43 神様は、宿題をしてくれない。自分が始めたら、助けてくれる。

子どもなら漢字の書き取り、大人なら企画書を書くといった宿題があります。
神様は、自分のかわりに宿題も仕事も勉強もやってはくれません。
ここで「神様は自分の味方ではない」と思い込みがちです。
その時点で、神様は味方になってくれなくなります。
自分が始めたら、神様は助けてくれます。
これは大きな違いです。
かわりにやってもらおうと思い始めると、その人は行動しなくなります。
自分が宿題をやって、「ありがたい」と思い始めると、神様は助けてくれるのです。
最初は自分から始めます。

「あの人は才能がある」「あの人はいいところに生まれた」「あの人は運がいい」と言う人は、自分は何も始めていないのに、「あの人だけうまくいっている」ととらえがちです。

違うのです。

始めた人に、神様の援護射撃があるのです。

始めない人には、援護射撃は永遠にやってきません。

神様は、宿題のかわりはやってくれないのです。

自分で宿題を始めたら、1時間かかると思ったのが30分で終わりました。

友達と遊びに行く約束にも間に合います。

「友達とも約束したし、宿題もあるし、1時間はかかりそうだし……」と、いつまでもグズグズ言っているだけでは、宿題もできないし、友達との約束も果たせないという流れになるのです。

凹みから抜け出すために

43

助けてもらう前に、始めよう。

44 「ありがたい」と思うことで、宇宙につながる。

「ありがたい」という言葉は、神様につながります。

宇宙につながっています。

何か奇跡的なことが起こって、「ありがとうございました」ではありません。

「ありがたい」と言った瞬間に、奇跡が起こり始めます。

順番が逆です。

そう考えると、身のまわりのあらゆることでその現象が起こっています。

たとえば、「スーパーマーケットでスイカを買ってきて」と、お母さんに頼まれます。

何も考えなくても、この作業はできてしまいます。

この時は宇宙を味方につけていません。

スイカのコーナーに行くと、スイカがいくつも並んでいます。

そこで何も考えないで、ただポッと手にとって買います。

その時に、「ありがたい」というマジックワードで、宇宙につながるのです。

「なんだかわからないけど、この中で一番おいしいスイカを自分は感じることができて、それをお母さんに食べさせてあげられる」と思うと、その中で一番おいしいスイカを宇宙が教えてくれるのです。

カットしたスイカが10個並んでいたら、どれをとってもいいのです。

普通は種が多いか少ないかということで選びがちです。

おいしさは、種が多い少ないの問題ではありません。

自分がお母さんにおいしいスイカを選んであげる時に、何か「ありがたい」と感じるものがあります。

その瞬間に、おいしいスイカを感じることができます。

まず、「ありがたい」がマジックワードとして先に立つのです。

それが「少しでもよくしていく」ということです。

「ありがたい」と思うと、神様は、選択肢で迷った時に、必ずいいほうを教えてくれます。

ほとんどの人が、実は迷っていません。

「どれでもいい」という形で、選んでしまいます。

お母さんには、「スイカを買ってきて」と言われただけです。

どのスイカを買ってこようが、自分の仕事は達成されています。

やっぱりおいしいスイカを買って帰って、お母さんに食べさせてあげたい。

そう思った瞬間に、神様は「これがおいしいよ」とささやいてくれます。

種をとる手間がめんどくさいから種の少ないものを選ぶとか、少しでも大きいものをという選び方をすると、宇宙にはつながりません。

それは「ありがたい」ではなく、「損しないように」という発想なのです。

凹みから抜け出すために

44

空を、見上げよう。

45 運のいい人は、常に相手のためにベストを考えている。

お好み焼屋さんに行くと、僕はお好み焼を焼く係になります。
子どもの時、僕の実家はスーパーマーケットの2階でした。
1階のスーパーマーケットで父親の弟がお好み焼屋をやっていました。
僕はいつもそこで、ほぼ1日中マンガを読んで過ごしました。
お好み焼の焼き方は、子ども時代から見て覚えたのです。

僕は、出されたお好み焼でも、自分が焼いたお好み焼でも、カットして女性にとってあげます。

東京では、お箸で食べます。

大阪では、コテで直接食べます。

4分割したお好み焼に、スッとコテを入れます。

普通は相手の女性に先に載せます。

それを自分のほうに載せる時があります。

通常のマナーとしては、おかしいです。

それは、「ここがおいしい」と思ってコテを入れたら、そうではなかったと感じたからです。

それは自分のところにとっておいて、別のところをあげます。

4分割の中で一番おいしいところを食べさせてあげたいのです。

これが宇宙を味方につけているということです。

料理をつくるとか何かを選ぶことは、すべてこういうことです。

それがつながっていった時、第三者から見た時に、「あの人は運がいい」と言うのです。

運のいい人は、常に「相手のためにベストなものは何か」と考えています。

だから、「ありがたい」という気持ちが先にあるのです。

僕は、話の流れの中でも、常に今どういうふうに説明すればいいのかを考えています。

最初は、スイカではなくリンゴの例を出そうと思っていました。

リンゴよりも1個1個の味の差が大きいものは何だろうと考えて、メロンでいこうかな、いや、メロンよりスイカのほうがもっとわかるかなと、最も適切な例を考えながら話しています。

感謝していると、「こうしたほうがいいよ」という、神様のアドバイスがちゃんときます。

これが「ありがたい」ということなのです。

凹みから抜け出すために

45

「相手の喜ぶこと」を考えよう。

46 わずかな違いが、圧倒的な違いになる。

「ハイ」という返事には、個人差があります。

仕事を頼むと、誰でも「ハイ」と言います。

ところが、「ハイ」の前に、文字にならない微妙なものが入るのです。

そこに何か入るか入らないかの差です。

「○○さん、これやってもらえる？　忙しいのにごめんね」と頼んだ時に、「ふー。ハイ」と言われたら、僕はその人にはもう頼みません。

本人は、「ふー」と言っている意識は何もありません。

いろいろな人から仕事を頼まれた時に、何げなしに「ふー」を言ってしまっている自分にまず気づくことが大切です。

「1ページ1枚で、100ページ分コピーをとっておいて」と頼まれると、見るからに「ふー」と言いたくなります。

「ふー」と言っても言わなくても、100ページ分のコピーをとる手間は同じです。

「ふー」と言ってしまったために、せっかくやっている行為があまり評価されなくなるのです。

誰でも「ハイ」と言っているし、同じように仕事をし、同じように「ありがとう」と言っています。

運がいい悪いは、ほんのわずかな違いでしかありません。

はたから見ると、わずかな違いは目に入りません。

どうしても「私は運が悪い。あの人と私は同じことをやっているのに」と思うのです。

大きな違いが大きな差になるのではありません。

目に見えないわずかな違いが、大きな差になるのです。

「ハイ」の前に「ふー」と言う人は、神様を味方につけていないのです。

凹みから抜け出すために

46

「あと1%だけ」やってみよう。

47 「○○ほど、面白い仕事はない」と言いながらできるか。

「○○ほど、面白いものはない」と言えるものを持つことです。

これを突き詰めて、「○○ほど、面白い仕事はない」と言える人はラッキーです。

「こんなことで給料をもらって申しわけない。自分がお金を払わなければいけないことを、給料をもらいながらできるなんて」ということを仕事にしているのです。

「申しわけないです」と言うぐらいの感じです。

「あの人の仕事は面白い」ではなくて、主語を自分にするのです。

「あの人の仕事は面白いだろうな」と言う人は、「私の仕事は面白くない」と言っているのです。

「あの人は楽しい仕事ばかりで、私はつらい仕事ばかりしている」と思えてきます。

ほかの人の仕事は、「あれは大変だと思うよ。あれはできないわ」でいいのです。「それに比べたら、これはラクだし、めんどくさくないし、面白くてしようがない」と思えます。
まわりの人の仕事が大変に見えて、自分の仕事は面白く感じるという流れに入っていけることが大切なのです。

凹みから
抜け出す
ために

47

自分の仕事の面白さをほめよう。

第 6 章

前向きな元気が、
わいて来る。

48 「ありがたい」は、一生生かせる。「申しわけない」は、一瞬で忘れる。

「ありがたい」と「申しわけない」は違います。

個人コンサルに来て、「たいした質問もないのに中谷さんに時間をとっていただいて申しわけない」と言う人がいます。

「ありがたい」は感謝、「申しわけない」はおわびです。

感謝とおわびのうち、しなくていいのは、おわびです。

感謝50%・おわび50%よりは、感謝100%・おわび0%でいいのです。

同じ現実に直面した時に、感謝の側に向かう人と、おわびの側に向かう人とでは、大きく違います。

感謝をした人は、次に行動します。

おわびをしている人は、じっとして動かなくなります。

感謝をする人は反省します。

おわびをする人は、反省しません。

行動しないで立ちどまるのです。

ひたすら謝ることで、時が去り自分の気持ちが落ちつくのを待っているのです。

「中谷さんに時間をとってもらって、本当に申しわけないです」と言うよりは、その時間を有効に使うことです。

「ありがたいです。つまらない質問ですが、聞いていいですか」でいいのです。

貴重な時間を最大限に活用した行動は、「ありがたい」という気持ちからしか生まれません。

お客様からのクレームも、おわびをする必要はないのです。

「このまま、ここには来なくなって仕方なかったのに、わざわざ言いに来てくれて、ありがたい」という気持ちがあれば、「ありがとうございます。気づきませんでした」と言う行動に移れます。

それがお客様の求めていることです。

お客様が求めているのは、おわびではないのです。

おわびは、相手に求めるものではないのです。

ケンカすると、「とにかく謝ってほしいんだよね」ということが起こります。

「謝ってほしい」という気持ちがあると、そこで行動がとまります。

その人は、自分が失敗した時に、おわびはしても、行動しません。

ある現実に立ち向かった時に、「申しわけない」とおわびをする余裕があったら、その分、「ありがたい」と感謝して行動すればいいのです。

動けないのは、「ありがたい」という感謝の気持ちが足りないからです。

「申しわけない」と口ごもるように言うのは、低姿勢でありながら上から目線です。

本人は謝っているつもりですが、まわりから見ると「謝っている側が、何を威張ってるの」的な態度です。


神社やお寺のお参りですることも、おわびではありません。

おわびも、1分たつと変質します。

「おわび中毒」になるのです。

おわびが言いわけになって、「言いわけ中毒」になります。

自分の言いわけに酔って、言いわけを考えるのがうまくなるのです。

これを変えていくことです。

これが努力の仕方です。

「ちゃんと謝りなさい」「ちゃんと感謝しなさい」「全部やりなさい」と言っているのではないのです。

テストに出るのはココだというところだけ覚えればいいのです。

ほかは忘れていいのです。

おわびするヒマがあったら、感謝することです。

凹みから抜け出すために

48 おわびより、感謝をしよう。

49 行動を変えなければ、結果は変わらない。

いい結果を出すためには、必ずそのもとになる原因と、やり方があります。
「今、いい結果が出ていないんです」という時は、やり方を変えるのが大原則です。
やり方が間違っているから、いい結果が出ないのです。
やり方を変えていくことです。
やり方とは、努力の仕方です。
努力しなくてもやっていけるわけではないのです。
努力すればなんとかなるわけでもないのです。
努力の仕方を変えることを学ぶのです。
野球の試合を観に行ったら、バッターボックスに選手が入っている時だけ見るのではなくて、バッターボックスに入る前のウエイティングサークルで何をしているかを見ます。

これはTVに映りません。

野球場に行くと、ウエイティングサークルの選手を見ることができます。

ソフトバンクホークスが福岡ダイエーホークスの時代に、福岡ドームで試合を観ました。

城島《じょうじま》選手がウエイティングサークルで、ピッチャーが投げるタイミングに合わせてずっと素振りをしていました。

TVでは見ることのできないバッターボックスに入る前の選手の意識を見られただけでも面白いと思いました。

ウエイティングサークルにいる選手は、意識がすでに打席に立っているのです。

イチロー選手は、試合が始まる前の練習時間で、必ずルーチンワークをします。

準備運動が長いのです。
それもＴＶには映りません。
球場に行って初めて見られます。
どういう努力をしているか、その仕方を学ぶことが大切なのです。

凹みから抜け出すために

49

「努力の仕方」を変えよう。

50

点と点は、結びつく。

野球の10対0の試合を「つまらない」と言ってしまわないことです。

ウエイティングサークルが見られます。

「イチロー選手は練習中にこういうストレッチをするんだな」ということがわかります。

見方が変わると、世の中に面白くないものはなくなります。

すべてのものを面白いと感じなくてもいいのです。

自分が面白いと思うもので面白がり方を覚えるのです。

自分の好きなもので面白がり方を覚えると、ほかのものにもその面白がり方が適用できます。

これが初めて点と点がつながる瞬間です。

面白くないのは、点と点がバラバラの状態です。

映画で言うと、一見無関係な連続殺人事件です。

これが1つの話でつながってくるから、面白いのです。

連続殺人事件が、どうつながるんだろうとどんでん返しを期待して見ているのに、最後まで無関係だとわかると、「何これ？」です。

登場人物は最後に絡んでくるのだろうと思って見ているのに絡んでこないと、損した気がします。

世の中にポツンと孤立した点などないのです。

すべての点が網の目のようにつながっています。

だから面白いのです。

僕の話を自分に照らし合わせて「ああ、なるほどな」と思えた瞬間に、「今日の話は面白かった」となるのです。

「今日の話は面白くなかった」というのは、自分の頭の中の点とつながらなかったということです。

面白い話と面白くない話があるわけではないのです。

今、自分が聞いた話を、自分の頭の中でつなげて、思い当たるふしをつくることができるかどうかです。

占い師さんの当たる当たらないも、聞きに行った相談者に思い当たるふしがあるかどうかです。

思い当たるふしや思い当たり力につながって初めて、その占い師さんを「当たる」と言うのです。

頭の中に、点のネットワークの張り方を覚えたら、なんでも楽しめるようになるのです。

凹みから抜け出すために

50 結果よりも、プロセスを見よう。

51 点と点を結びつける力がつくと、宇宙を感じられるようになる。

自分のやっていること、やってきたこと、やろうとしていることとつながるものを、人は面白いと感じます。

線自体はロマンチックではないのです。

点と点を結ぶ線がロマンチックなのです。

見え方はそれぞれです。

星はロマンチックです。

星自体、そもそもきれいですが、星に星座を見る感覚がロマンチックなのです。

星座は線でつないでおいてくれればいいのにと思うことがあります。

空を見て本当に線でつながっていたら、ロマンチックではなくなります。

プラネタリウムも、ずっと線でつながっているよりは、一瞬パッと見せて、ポンと消すからロマンチックなのです。

オリオン座は、線を引いていなくても、3つの星が点々としているのが見えます。

それがギリシア神話になると、線は絵になります。

そこに絵を見ているのです。


点と点は、想像力です。


ユニコーン座という星座があります。

ユニコーンという神話の動物がいたのです。

上が人間、下が馬のケンタウロスも、実在したわけではありません。

見たことのある人はいなくても、想像上の動物がそこにいたから、描けるのです。


雲の形、山の形も、人々は描いてきました。

究極は石です。

石は売買されています。

石の台をつくる専門家もいます。

石は、山に始まり、山に終わります。

どんな世界も、「○○に始まり○○に終わる」という言葉があります。

河原で拾ってきたような石にも、「いいですね。この石は、台が負けてるな」という、なかなか入り込めない世界があります。

石を山に見立てる世界もあります。

どんなものからも宇宙を感じ取れるようになると、いろいろなことが面白くなってくるのです。

凹みから抜け出すために

51 点と点を、想像力でつなげよう。

52 ズルをすると、宇宙とつながれない。

せっかく宇宙とつながったら、宇宙とつながっている線を切らないようにすることです。

ズルをすると、線が切れてしまいます。

向こうから切られるのではありません。

どちらかというと、自分から切っています。

ズルをしても、損も得も別にありません。

ズルをして得をしても、「自分はズルをした」と、自分自身を裁くことになります。

他人が責めるのではなく、自分が自分を責めていくのです。

これが猛烈にきついのです。

24時間やり続けるからです。
ズルをすることで、一見立ち直ったとしても、結局、立ち直れなくなります。
ズルをしないことで、宇宙とつながり続けることができるのです。
他人のズルを気にしないことです。
得をしようとしても、得はできません。
同じように、損をしようとしても、損はできません。
昔の人は、よく「お天道様《てんとさま》が見ているから」と言っていました。
誰も見ていないところでは、自分が見ているのです。
自分で見ないでズルをすることはできません。
結局、自分のズルで自分が崩れていくのです。

凹みから抜け出すために

52
他人のズルを、気にしない。

53 自分自身を、バージョンアップしていく仕組みを、つくる。

習いごとに行ったら、先輩や先生は、始める前や終わったあとに何をするかを見ることです。

これは師匠と弟子の関係も同じです。

僕の勤めた会社にも、師匠と弟子の関係がありました。

ＣＭプランナーの仕事は徒弟制《とていせい》でした。

1日中師匠と一緒にいて、立ち居ふるまいを見ていました。

アイデアや考え方、企画書のつくり方を教わるのではないのです。

師匠からタクシーの乗り方、廊下の歩き方、話し方、メモのとり方、電話の出方から壁にピンでとめてあるものまで、ありとあらゆることを学びました。

師匠から弟子には、本番以外のことのほうが、より多く伝わります。

これが徒弟制のいいところです。

上司と部下は、こうはいきません。

「仕事が終わったんですから、もう誘わないでください。なんで誘われなくちゃいけないんですか」という関係です。

努力の仕方をバージョンアップしていくことです。

いつまでも同じやり方をしていると、結果は変わりません。

結果は、現実です。

同じことをしていたら、同じ未来がくるだけです。

運命で未来が決まっているわけではないのです。

現実は変えられます。

自分がバージョンアップすれば、新しい現実が目の前にあらわれます。

努力の仕方を変えるだけで、目の前の現実はまったく変わったものになるのです。

凹みから
抜け出す
ために

53

自分を、バージョンアップしよう。

54 抗菌グッズをそろえるのではなく、免疫力をつける。

ため息から始まる人とはつき合わなくていいのです。

同じチームで仕事をしていても、精神的にかかわり合いを持たずに淡々としていることです。

レストランに入って、「あの店員さんにクレームを言おう」と怒る人がいても、僕はクレームを言いません。

なぜなら、その店員さんは、いっぱいいっぱいだからです。

「あの人は、あれでいっぱいいっぱいなんだ」と思えば、たちまちその人との人生のかかわりが別世界になります。

距離感の問題ではないのです。

「あの人、迷惑だよね」と思っているうちは、まだ同じステップにいます。

同じチームで、どうしてもパートナーとして組んで仕事をしないといけない時は、「いっぱいいっぱいだから」と許してあげることです。

許すという感覚です。

「許せない」となると、中毒になります。

「これはイヤだな」という感覚は、やがて怒りになります。

「なんでこんな人と仕事しなければいけないの」「なんで、あの人は○○なの」「なんで……」となるのです。

その人を変えることはできないし、チームを変えることもできなければ、席をかえることもできません。

席をかえても、あらゆるところに怒りの原因になるような人がいます。

一緒に仕事をしなければならないことを悩む人に「かかわり合わないようにしましょう」と言っても、努力の仕方がわかりません。

そういう人を除くための抗菌対策を勧めているだけです。

でも、抗菌には限界があります。

必ず巻き込まれるのです。

抗菌よりも、免疫力をつけることです。

会社に着けばイヤな上司がいます。

パソコンを開けばキモチ悪いメールが来ます。

これらはなくならないのです。

抗菌で戦うよりは、免疫力をつけることです。

抗菌にエネルギーを割かないことです。

ため息をまきちらす人に巻き込まれないためには、自分の免疫力を上げます。

その人を許すことで、免疫力がつきます。

許すことで、ワンステップ上がります。

「許さない」「撲滅《ぼくめつ》したい」「思い知らせたい」「死刑にしたい」と考えているうちは同じステップにいます。

自分も、自分より高いステップにいる人にどこかで許してもらっているのです。

ほとんどの悩み相談は、抗菌法を聞いています。
どんなに抗菌法を教えても、菌はなくならないのです。

凹みから抜け出すために

54

自分も他人も、許そう。

55 免疫力は、嫌われてもいい力だ。

ウワサ話をする会の誘いを断る方法を考えるのは、抗菌対策です。

誘われても行かないのが免疫力です。

免疫力とは、嫌われても平気という力です。

このほうがラクです。

どんなに抗菌対策を立てても、菌は無限に出てきます。

「こういう時には、こういう言い方をしたほうがいいよ」というアドバイスはなんの役にも立ちません。

行かなければいいだけです。

やがて嫌われて「あの人は、誘っても来ない」となります。

嫌われない人は、おつき合いでますます忙しくなります。

適度に嫌われるほうがいいのです。

わざわざ嫌われることをしなくても、断っていれば浮きます。

その場で浮く存在になるのです。

誘ってくる人は、ノらない人をリストからはずします。

抵抗があるのは1回目、2回目だけです。

抗菌は枝葉の対策です。

免疫力は根っこです。

日本はきれいな社会です。

免疫力を鍛えることです。

ため息をつく人の見分け方や、どのスプレーがいいかというレベルの話ではないのです。

凹みから抜け出すために

55
「嫌われてもいい」と考えよう。

56 他人の人生を決めない。

その人にとって必要なことは、人それぞれです。

「この人にとって必要だから」と決めるのは、他人の人生に介入しています。

「君のためを思って言っているんだから」というお説教が一番めんどくさいのです。

相手がめんどくさいと思っていることを勧める人は、必ずこの論理で人の人生を決めようとします。

会社は、逆上がりのできない人を逆上がりができるようにはしません。

逆上がりのできる人を連れてくるのです。

逆上がりのできない人が、ムリやり練習させられて逆上がりができるようになっても、鉄棒そのものが嫌いだったら、もっとつらい人生になります。

向いていないことをし続けることになるのです。

「逆上がりができないんですけど、できるように練習したほうがいいですか」と言うなら、練習しなくていいのです。

そんなものは通用しません。

「英語を勉強したほうがいいでしょうか。めんどくさいんですけど」と言うくらいなら、勉強しなくていいのです。

英語のできる人に仕事はまわります。

英語の勉強がめんどくさい人は、英語の必要な仕事からははずされるのです。

好きでもないのに英語を頑張ったら、延々と英語の仕事をさせられます。

それを第三者が決めてはいけないのです。

「この人のために、どうして自分は何回も同じことを言わなくちゃいけないんだろう。めんどくさい」と感じることは、自分のストレスにもなります。

自分自身がめんどくさいし、相手もめんどくさいのです。

誰もハッピーになっていません。

「あなたの将来のためだから」という、他人の人生を決めてしまうようなことは、しなくていいのです。

やらなくていいか、めんどくさく感じないやり方に改善することです。

システムで改善するか、その仕事からはずすのです。

「ほかの人に任せるからいいよ」で、組織は動いていきます。

イヤイヤやっている人に仕事はまわってきません。

仕事は、好きで頑張っている人にしかこないのです。

凹みから抜け出すために

56

他人の人生に、干渉しない。

57 相手を許すことで、免疫力が上がる。

親の小言は、シャットダウンしなくていいのです。

取り込んでも毒がうつらない形にするのです。

シャットダウンしようとすればするほど、抵抗力は弱くなります。

インフルエンザの予防接種は、まずインフルエンザのウイルスを採取して、ひどい風邪をちょっとした風邪のウイルスに変えます。

採取したウイルスを動物に注射すると、その動物の中で、重症に向かうものと、比較的軽症のものとに分かれます。

軽症のものは、強い免疫をつくります。

免疫は、インフルエンザのウイルスと1カ所違うだけです。

それを打つことで、軽いインフルエンザにかかって、「うちはもう間に合ってます」のような形になるのです。

うつるものは、中に入れてしまえばいいのです。

小言ばかり言う父親から離れてもてしまえば父親の口調が脳内から離れないなら、自分の中で父親のモノマネに変えてしまえばいいのです。

取り入れて、それにかからない体にしていくのです。

一度ひどい食中毒になると、食中毒になりにくい体になります。

ウイルスも進化しています。

無菌室の中に生きていくわけにはいかないのです。

世の中には、悪い運気の人がたくさんいます。

かかわりをシャットアウトするのではなく、悪い菌に感染しない強靱(きょうじん)な精神を持つのです。

それには、許してあげることです。

「何よ、あなたは」と怒ると、免疫力を下げます。

恋人がムッとするようなことをした時ほど「愛しているよ」というメールを返すのです。

怒りマークや涙マークは使わないで、許すのです。

責めて、仕返ししたいという気持ちが少しでも芽生えたら、すでに菌に感染しています。

菌には、マイナスのところもあれば、いいところもあります。

いいところをどんどんインプットして、時間を経過させるのです。

学校で嫌いだった先生は、嫌いなところばかり目につきます。

10年、20年たつと、いいところも思い出せます。

いいところ、嫌いなところも短所として愛らしいと感じられるようになるのです。

そこで初めて対等になれます。

親や上司に初めて追いついたことになるのです。

親や上司をかわいいと思えるのが、乗り越えられたということです。

やめてほしいと思っているうちは、まだ追いつけていないのです。

凹みから抜け出すために

57

のみ込んでから、選ぼう。

58 おわりに

努力しないと、厳しくもしてもらえない。

人は誰でも叱る側にもなれば、叱られる側にもなります。

めんどくさいと言ったり、ため息をつく人は、リーダーから仕事をはずされます。

説教をしてもらえなくなります。

厳しいことも言われなくなります。

「厳しいことばかり言われるんですけど」「小言ばかり言われています」という悩みは、やがてなくなります。

言ってもらえなくなるのです。

説教や厳しいこと、お小言を言ってもらうにも努力が必要です。

努力しないと、叱ってもらえないのです。

叱ってもらうのは、権利です。

努力をして初めて叱ってもらえるのです。

「叱られる」という言葉には、「サボッていたから叱られた」というマイナスのイメージがあります。

「もう叱られたくない。なんで私はこんなに厳しいことを言われなきゃいけないの」というのは、すべての人が厳しいことを言われると思い込んでいます。

すべての人は言われないのです。

言われるのは最初のほんの短い期間だけです。

努力している人が、一番厳しいことを言ってもらえるのです。

厳しいことを言ってもらうために努力するのです。

これが努力の仕方です。

努力したら叱られなくなるのではありません。

叱られるために頑張るのです。

そうして人間は成長していくのです。
バージョンアップされるのです。
努力しなければ、叱ってすらもらえなくなります。
叱ってもらえる期間を過ぎたら、叱ってもらえる可能性どころか、諦められます。
「なんでこんなこともできないんだ」と言われているうちはいいのです。
言われる人に、すぐに交代させられます。
これが学校と社会の違いです。
学校は、いつまでも叱ります。
社会は叱りません。
これが大人のルールです。
インターナショナルルールであり、宇宙のルールなのです。
叱ってもらえるようになるために、頑張るのです。

凹みから抜け出すために

58

叱ってもらうために、努力しよう。

『会社で自由に生きる法』（日本経済新聞出版社）
『全力で、1ミリ進もう。』（文芸社文庫）
『だからあの人のメンタルは強い。』（世界文化社）
『「気がきくね」と言われる人のシンプルな法則』（総合法令出版）
『だからあの人に運が味方する。』（世界文化社）
『だからあの人に運が味方する。（講義DVD付き）』（世界文化社）
『なぜあの人は強いのか』（講談社＋α文庫）
『贅沢なキスをしよう。』（文芸社文庫）
『3分で幸せになる「小さな魔法」』（マキノ出版）
『大人になってからもう一度受けたいコミュニケーションの授業』（アクセス・パブリッシング）
『運とチャンスは「アウェイ」にある』（ファーストプレス）
『「出る杭」な君の活かしかた』（明日香出版社）
『大人の教科書』（きこ書房）
『モテるオヤジの作法2』（ぜんにち出版）
『かわいげのある女』（ぜんにち出版）
『壁に当たるのは気モチイイ　人生もエッチも』（サンクチュアリ出版）
『ハートフルセックス』【新書】（KKロングセラーズ）
書画集『会う人みんな神さま』（DHC）
ポストカード『会う人みんな神さま』（DHC）

＜面接の達人＞（ダイヤモンド社）

『面接の達人　バイブル版』
『面接の達人　面接・エントリーシート問題集』

『セクシーな仕事術』
『口説きません、魔法をかけるだけ。』
『強引に、優しく。』

【阪急コミュニケーションズ】
『いい男をつかまえる恋愛会話力』
『サクセス＆ハッピーになる50の方法』

【あさ出版】
『「いつまでもクヨクヨしたくない」とき読む本』
『「イライラしてるな」と思ったとき読む本』
『「つらいな」と思ったとき読む本』

【きずな出版】
『ファーストクラスに乗る人の人脈』
『ファーストクラスに乗る人のお金2』
『ファーストクラスに乗る人の仕事』
『ファーストクラスに乗る人の教育』
『ファーストクラスに乗る人の勉強』
『ファーストクラスに乗る人のお金』
『ファーストクラスに乗る人のノート』
『ギリギリセーーフ』

【ぱる出版】
『運のある人、運のない人』
『器の大きい人、小さい人』
『品のある人、品のない人』

『一流のお金の生み出し方』（リベラル社）
『「お金持ち」の時間術』（二見書房・二見レインボー文庫）
『一流の思考の作り方』（リベラル社）
『服を変えると、人生が変わる。』（秀和システム）
『なぜあの人は40代からモテるのか』（主婦の友社）
『一流の時間の使い方』（リベラル社）
『輝く女性に贈る 中谷彰宏の運がよくなる言葉』（主婦の友社）
『名前を聞く前に、キスをしよう。』（ミライカナイブックス）
『ほめた自分がハッピーになる「止まらなくなる、ほめ力」』（パブラボ）
『なぜかモテる人がしている42のこと』（イースト・プレス　文庫ぎんが堂）
『一流の人が言わない50のこと』（日本実業出版社）
『輝く女性に贈る　中谷彰宏の魔法の言葉』（主婦の友社）
『「ひと言」力。』（パブラボ）
『一流の男　一流の風格』（日本実業出版社）
『変える力。』（世界文化社）
『なぜあの人は感情の整理がうまいのか』（中経出版）
『人は誰でも講師になれる』（日本経済新聞出版社）

『20代自分らしく生きる45の方法』
『受験の達人2000』
『お金は使えば使うほど増える』
『大人になる前にしなければならない50のこと』
『会社で教えてくれない50のこと』
『学校で教えてくれない50のこと』
『大学時代しなければならない50のこと』
『昨日までの自分に別れを告げる』
『あなたに起こることはすべて正しい』

【PHP研究所】
『なぜあの人は余裕があるのか。』
『中学時代にガンバれる40の言葉』
『叱られる勇気』
『40歳を過ぎたら「これ」を捨てよう。』
『中学時代がハッピーになる30のこと』
『頑張ってもうまくいかなかった夜に読む本』
『14歳からの人生哲学』
『受験生すぐにできる50のこと』
『高校受験すぐにできる40のこと』
『ほんのささいなことに、恋の幸せがある。』
『高校時代にしておく50のこと』
『中学時代にしておく50のこと』

【PHP文庫】
『もう一度会いたくなる人の話し方』
『お金持ちは、お札の向きがそろっている。』
『たった3分で愛される人になる』
『自分で考える人が成功する』
『大人の友達を作ろう。』
『大学時代しなければならない50のこと』

【大和書房】
『結果がついてくる人の法則58』

【だいわ文庫】
『27歳からのいい女養成講座』
『なぜか「HAPPY」な女性の習慣』
『なぜか「美人」に見える女性の習慣』
『いい女の教科書』
『いい女恋愛塾』
『やさしいだけの男と、別れよう。』
『「女を楽しませる」ことが男の最高の仕事。』
『いい女練習帳』
『男は女で修行する。』

【学研パブリッシング】
『美人力』
『魅惑力』
『冒険力』
『変身力』
『セクシーなお金術』
『セクシーな会話術』

【学研パブリッシング】
『決断できる人は、うまくいく。』
『会話力のある人は、うまくいく。』
『片づけられる人は、うまくいく。』
『怒らない人は、うまくいく。』
『ブレない人は、うまくいく。』
『かわいがられる人は、うまくいく。』
『すぐやる人は、うまくいく。』

『一流の仕事の習慣』(ベストセラーズ)
『仕事は、最高に楽しい。』(第三文明社)
『「反射力」早く失敗してうまくいく人の習慣』(日本経済新聞出版社)
『伝説のホストに学ぶ82の成功法則』(総合法令出版)
『富裕層ビジネス　成功の秘訣』(ぜんにち出版)
『リーダーの条件』(ぜんにち出版)
『成功する人の一見、運に見える小さな工夫』(ゴマブックス)
『転職先はわたしの会社』(サンクチュアリ出版)
『あと「ひとこと」の英会話』(DHC)

＜恋愛論・人生論＞

【ダイヤモンド社】
『なぜあの人は逆境に強いのか』
『25歳までにしなければならない59のこと』
『大人のマナー』
『あなたが「あなた」を超えるとき』
『中谷彰宏金言集』
『「キレない力」を作る50の方法』
『お金は、後からついてくる。』
『中谷彰宏名言集』
『30代で出会わなければならない50人』
『20代で出会わなければならない50人』
『あせらず、止まらず、退かず。』
『明日がワクワクする50の方法』
『なぜあの人は10歳若く見えるのか』
『成功体質になる50の方法』
『運のいい人に好かれる50の方法』
『本番力を高める57の方法』
『運が開ける勉強法』
『ラスト3分に強くなる50の方法』
『答えは、自分の中にある。』
『思い出した夢は、実現する。』
『習い事で生まれ変わる42の方法』
『面白くなければカッコよくない』
『たった一言で生まれ変わる』
『健康になる家　病気になる家』
『スピード自己実現』
『スピード開運術』

『スピード成功の方程式』
『スピードリーダーシップ』
『大人のスピード勉強法』
『一日に24時間もあるじゃないか』
『出会いにひとつのムダもない』
『お客様がお客様を連れて来る』
『お客様にしなければならない50のこと』
『30代でしなければならない50のこと』
『20代でしなければならない50のこと』
『なぜあの人の話に納得してしまうのか』
『なぜあの人は気がきくのか』
『なぜあの人はお客さんに好かれるのか』
『なぜあの人は時間を創り出せるのか』
『なぜあの人は運が強いのか』
『なぜあの人にまた会いたくなるのか』
『なぜあの人はプレッシャーに強いのか』

【ファーストプレス】
『「超一流」の会話術』
『「超一流」の分析力』
『「超一流」の構想術』
『「超一流」の整理術』
『「超一流」の時間術』
『「超一流」の行動術』
『「超一流」の勉強法』
『「超一流」の仕事術』

【PHP研究所】
『[図解]お金も幸せも手に入る本』
『もう一度会いたくなる人の聞く力』
『もう一度会いたくなる人の話し方』
『【図解】仕事ができる人の時間の使い方』
『仕事の極め方』
『【図解】「できる人」のスピード整理術』
『【図解】「できる人」の時間活用ノート』

【PHP文庫】
『中谷彰宏　仕事を熱くする言葉』
『入社3年目までに勝負がつく77の法則』

【オータパブリケイションズ】
『せつないサービスを胸きゅんサービスに変える』
『ホテルのとんがりマーケティング』
『レストラン王になろう2』
『改革王になろう』
『サービス王になろう2』
『サービス刑事』

【あさ出版】
『気まずくならない雑談力』
『人を動かす伝え方』
『なぜあの人は会話がつづくのか』

■中谷彰宏　主な著作リスト

<ビジネス>

【ダイヤモンド社】

『50代でしなければならない55のこと』
『なぜあの人の話は楽しいのか』
『なぜあの人はすぐやるのか』
『なぜあの人の話に納得してしまうのか[新版]』
『なぜあの人は勉強が続くのか』
『なぜあの人は仕事ができるのか』
『なぜあの人は整理がうまいのか』
『なぜあの人はいつもやる気があるのか』
『なぜあのリーダーに人はついていくのか』
『なぜあの人は人前で話すのがうまいのか』
『プラス1%の企画力』
『こんな上司に叱られたい。』
『フォローの達人』
『女性に尊敬されるリーダーが、成功する。』
『就活時代しなければならない50のこと』
『お客様を育てるサービス』
『あの人の下なら、「やる気」が出る。』
『なくてはならない人になる』
『人のために何ができるか』
『キャパのある人が、成功する。』
『時間をプレゼントする人が、成功する。』
『ターニングポイントに立つ君に』
『空気を読める人が、成功する。』
『整理力を高める50の方法』
『迷いを断ち切る50の方法』
『初対面で好かれる60の話し方』
『運が開ける接客術』
『バランス力のある人が、成功する。』
『逆転力を高める50の方法』
『最初の3年その他大勢から抜け出す50の方法』
『ドタン場に強くなる50の方法』
『アイデアが止まらなくなる50の方法』
『メンタル力で逆転する50の方法』
『自分力を高めるヒント』
『なぜあの人はストレスに強いのか』
『スピード問題解決』
『スピード危機管理』
『一流の勉強術』
『スピード意識改革』
『お客様のファンになろう』
『大人のスピード時間術』
『なぜあの人は問題解決がうまいのか』
『しびれる仕事をしよう』
『しびれるサービス』
『大人のスピード説得術』
『お客様に学ぶサービス勉強法』
『大人のスピード仕事術』
『スピード人脈術』
『スピードサービス』

■本の感想なら、どんなことでも、
あなたからのお手紙をお待ちしております。
僕は本気で読みます。

中谷彰宏

〒112-0014
東京都文京区関口 1-33-4
大和書房　編集部　気付　中谷彰宏行
＊食品、現金、切手などの同封は、ご遠慮ください。（編集部）

中谷彰宏＊ホームページ　http://www.an-web.com/

視覚障害その他の理由で活字のままでこの本を利用できない人のために、営利を目的とする場合を除き「録音図書」「点字図書」「拡大写本」等の制作をすることを認めます。その際は著作権者、または、出版社までご連絡ください。

中谷彰宏は、盲導犬育成事業に賛同し、この本の印税の一部を（財）日本盲導犬協会に寄付しています。

本書は、二〇一一年四月にあさ出版より刊行された
同名書籍を文庫化いたしました。

中谷彰宏（なかたに・あきひろ）
一九五九年四月一四日、大阪府生まれ。早稲田大学第一文学部演劇科卒。博報堂に入社し、CMプランナーとしてテレビ、ラジオ、CMの企画・演出をする。九一年、独立し、㈱中谷彰宏事務所設立。中谷塾を主宰し、全国で、講演・ワークショップ活動を行っている。
中谷彰宏公式ホームページ
http://www.an-web.com/

だいわ文庫

「つらいな」と思《おも》ったとき読《よ》む本《ほん》

著者　中谷彰宏《なかたにあきひろ》
Copyright ©2015 Akihiro Nakatani Printed in Japan
二〇一五年一〇月一五日第一刷発行

発行者　佐藤 靖
発行所　大和《だいわ》書房
東京都文京区関口一－三三－四 〒一一二－〇〇一四
電話 〇三－三二〇三－四五一一
フォーマットデザイン　鈴木成一デザイン室
本文デザイン　福田和雄(FUKUDA DESIGN)
本文印刷　シナノ
カバー印刷　山一印刷
製本　小泉製本

ISBN978-4-479-30559-0
乱丁本・落丁本はお取り替えいたします。
http://www.daiwashobo.co.jp

だいわ文庫の好評既刊

＊中谷彰宏
27歳からのいい女養成講座
美しい大人になる62のヒント
明るい人の隣に座る、雑を丁寧にする――。27歳は女性の分かれ目。大人の階段を上がるために始めたいこと、やめたいこと。
600円
135-9 D

＊中谷彰宏
なぜか「HAPPY」な女性の習慣
心が躍り出す56のアクション
HAPPYな女性は、洗面台が散らかっていない。どんなときも幸せに過ごすための、行動・言葉・心の習慣がよくわかる！
600円
135-8 D

＊中谷彰宏
なぜか美人に見える女性の習慣
あなたの印象が変わる54の行動
顔のつくりだけが、美人といわれる理由じゃない！　一緒にいて楽しい美人は、しぐさやことばが違う！
630円
135-7 D

＊中谷彰宏
いい女の教科書
いい女になれるかどうかは、毎日をお稽古のように捉えられるかどうか。まわりに流されない自分らしさを磨くための実践的な方法。
600円
135-6 D

＊中谷彰宏
いい女恋愛塾
大人の恋をはじめる58の方法
自分を磨く女性に、いい男は近寄ってくる。攻める恋愛をする女性にこそチャンスはやってくる。中谷流・大人の恋愛のルール。
571円
135-5 D

中谷彰宏
やさしいだけの男と、別れよう。
さらに女をあげる48の方法
いい女になろうと努力すれば、恋愛のチャンスは必ずある。へなちょこ君に振りまわされず、刺激的な恋を楽しむためのアドバイス集。
571円
135-4 D

＊印は書き下ろし

表示価格はすべて本体価格（税別）です。本体価格は変更することがあります。